El ÁGUILA *y el* QUETZAL

CÉSAR VIDAL

El ÁGUILA y el QUETZAL

CENTROAMÉRICA:
DE LA CONQUISTA AL PLAN DE PROSPERIDAD DEL TRIÁNGULO NORTE

Planeta

Diseño de portada: Estudio la fe ciega / Domingo Martínez
Imagen de portada: © Shutterstock

© 2016, Obsobelena Inc.

Derechos reservados

© 2016, Editorial Planeta Mexicana, S.A. de C.V.
Bajo el sello editorial PLANETA M.R.
Avenida Presidente Masarik núm. 111, Piso 2
Colonia Polanco V Sección
Deleg. Miguel Hidalgo
C.P. 11560, Ciudad de México
www.planetadelibros.com.mx

Primera edición: agosto de 2016
ISBN: 978-607-07-3572-1

Impreso en los talleres de Impresora y Editora Infagón, S.A. de C.V
Escobillería número 3, colonia Paseos de Churubusco, Ciudad de México
Impreso y hecho en México - *Printed and made in Mexico*

Índice

Introducción

Apenas había iniciado el siglo XVI —el de la Reforma y la Contrarreforma, el del inicio de la revolución científica, el de la Conquista de América— cuando el descubridor para Occidente del continente americano alcanzó las costas de Centroamérica. Sin dudarlo, llegó a la conclusión de que se encontraba frente al litoral del Japón. Colón incluso penetraría en aquella tierra ignota para los europeos, pero ni la entendería ni sabría enmarcarla en su auténtica realidad, en lugar de hacerla parte de sus sueños de utopía y ambición. En buena medida, el despiste geográfico y cultural del descubridor al servicio de España venía a ser una premonición de lo que sucedería con muchos que se acercarían a aquellas tierras. No se esforzarían por entender la cultura que tenían frente a ellos sino que superpondrían sin ambages la suya propia.

Semejante conducta suele resultar errónea e impide tanto conocer la verdad como analizarla de manera adecuada, pero en el caso que abordamos ahora resultó todavía peor, si cabe. Centroamérica ha sido, históricamente, una zona crucial en el hemisferio occidental y seguirá siendo así, de modo previsible, en los siglos venideros. Base esencial de los sistemas de comunicación y conquista del Imperio español durante casi tres siglos, se convertiría tras la independencia en uno de los ejes geoestratégicos de la política exterior de distintas potencias y, muy en especial, de unos Estados Unidos cuyos ojos se posaban a la vez en dos océanos.

Arrastrada a la Guerra Fría durante los años cincuenta, Centroamérica dejaría nuevamente de manifiesto su relevancia geoestratégica al convertirse en el último campo de batalla de este conflicto de décadas. Cuando el enfrentamiento que pudo hacer saltar el planeta en pedazos había terminado en las llanuras de Polonia o en la Alemania otrora dividida, todavía se escuchaba el sonido de las armas en Centroamérica. Cuando, en última instancia, se produjo el final del enfrentamiento, la conclusión no significó ni la prosperidad ni la paz para la mayoría de sus naciones. Por el contrario, para muchos se convirtió en sinónimo de maras juveniles, de escala del narcotráfico, de violación de los derechos humanos y de guerra civil.

Hoy, Centroamérica, más que nunca, tiene una importancia extraordinaria no sólo para los Estados Unidos sino también para el resto del hemisferio. La estabilidad del continente y el futuro en paz, libertad y prosperidad del resto del hemisferio dependerán de que consiga superar males seculares o, por el contrario, vuelva a sumirse en el caos y la violencia.

La presente obra es un intento de análisis y descripción de los factores que han propiciado el desarrollo histórico experimentado por Centroamérica durante el pasado medio milenio. En su primera parte abordamos la Conquista española y los cambios dramáticos que esta significó. Analizamos igualmente la configuración de una cosmovisión particular, aunque con paralelos en el sur de Europa y de América, que apenas se vio alterada durante la emancipación, se prolongaría en el siglo xx y sigue resultando innegable durante la primera década y media del siglo xxi.

La segunda parte está dedicada a describir la evolución de Centroamérica desde la emancipación hasta mediados del siglo xx. En esa época, la presencia de los Estados Unidos sería creciente y con un enfoque variable. Pero mientras que los Estados Unidos —el águila— proporcionaban solidez a su visión republicana y se convertían en una nueva clase de imperio, Centroamérica —el quetzal— mantenía prácticamente inmutables los esquemas de una cosmovisión procedente de la Conquista que frustrarían la unidad de la zona y la creación de sistemas democráticos coherentes y sólidos. En buena medida, el «Señor Presidente» no sería sino el conquistador con nuevos ropajes.

La tercera parte de este ensayo está dedicada a la Guerra Fría y sus consecuencias. A pesar de su lejanía de la Europa central y oriental, Centroamérica se vio arrojada de lleno en ese conflicto que duró décadas, e incluso se convertiría en su último escenario bélico. No sólo eso: las consecuencias de la Guerra Fría durarían más en

Centroamérica que en buena parte de la Europa donde se había originado.

Finalmente, la última parte de la obra está dedicada a las nuevas situaciones creadas tras el final de la Guerra Fría y el inicio del siglo XXI. Centroamérica sigue manteniendo, como mostraremos, buena parte de los problemas que la aquejaban hace medio milenio, pero se han sumado otros de no pequeña envergadura.

Aunque este libro recorre la historia de más de 500 años, debe ser encuadrado más bien en el terreno del ensayo histórico ya que su análisis desborda los límites de la historiografía. Ese tipo de análisis nos ha permitido ir más allá de los estudios que se detienen únicamente en referencias económicas, políticas o sociales. En realidad, nuestra intención ha sido encontrar el trasfondo cultural que ha resultado determinante para llegar a determinadas situaciones históricas de absoluta relevancia. A partir del examen de esas raíces culturales y espirituales a lo largo de su desarrollo histórico se puede desentrañar, a nuestro juicio, no sólo el trágico desenvolvimiento que, a lo largo de los siglos, no ha llegado a resolver su problemática, sino también las posibilidades de un cambio de rumbo futuro.

Por supuesto, semejante acercamiento nunca podría ser completo sin las referencias ineludibles a los Estados Unidos. El peso del coloso del norte en la historia de Centroamérica fue más que notable durante el siglo XIX, pero alcanzó una extraordinaria relevancia durante el siglo XX y ha adquirido, como tendremos ocasión de ver, todavía más significación a inicios del siglo XXI. El quetzal centroamericano podrá comunicar una imagen de variopinta y colorista belleza frágil. Sin embargo, como tendremos ocasión de contemplar, la poderosa águila estadounidense necesita por puro interés propio que el vuelo del ave más pequeña sea plácido y fecundo.

No son pocas las personas —dentro y fuera de Centroamérica— cuya colaboración desinteresada me ha servido de enorme ayuda en el proceso de redacción del presente libro. Ente los miembros del cuerpo diplomático he de mencionar de manera muy especial a Julio Ligorría y Édgar Villanueva, embajador y ministro consejero, respectivamente, de la embajada de Guatemala en Washington; a Juan Carlos Pinzón, embajador de Colombia en Washington; a Francisco Altschul, embajador de El Salvador en Washington y a Alejandro

Estivill, ministro consejero de la embajada de México en Washington.

Dentro de los distintos organismos relacionados con la administración de los Estados Unidos me resultaron de extraordinaria utilidad, por sus comentarios y apreciaciones, Mr. Alan Bersin, secretario asistente de Seguridad Nacional de los Estados Unidos; Mr. Carl Meacham, director para programas de América Latina en el csis; Mr. Brian Lattel, antiguo analista de la Agencia Central de Inteligencia (cia, por sus siglas en inglés); Miss Leah Campos, Mr. Eric Jacobstein, Miss Rebecca Ulrich, Mr. Mark Walker y Miss Sadaf Kahn, asesores del subcomité de asuntos del hemisferio occidental y del Comité de Relaciones Exteriores de la Cámara de Representantes de los Estados Unidos.

De especial relevancia fueron también para la redacción de esta obra mi más que apreciado Guillermo Lousteau, entonces aún presidente del Interamerican Institute for Democracy; Raúl Herrera, socio de Arnold & Porter; José Carlos Marroquín, consultor del Banco Interamericano de Desarrollo (bid); Mario Fumero, gran conocedor de la problemática juvenil en Centroamérica por su labor de décadas en la reinserción de jóvenes marginados; el pastor Daniel Romero, de la Primera Iglesia Reformada de San Pedro Sula, Honduras, y Viviana Velie. Sin ningún género de dudas, buena parte de los aciertos que aparecen en estas páginas en relación con la situación contemporánea pueden atribuirse a sus comentarios y conversaciones. Los errores —¿necesito recordarlo?— son sólo míos.

El autor no cree exagerar al afirmar que Centroamérica está atravesando por uno de los momentos más relevantes y decisivos de toda su historia. En él, es más que posible que se acabe determinando si podrá convertir en realidad sus sueños o si, como tantas veces en el pasado, se repetirán, incluso de forma agravada, las antiguas pesadillas. Si esta obra permite arrojar luz sobre esas realidades, el autor se dará por más que satisfecho.

Washington-Miami, febrero de 2016.

PARTE I

NACIDA EN LA SANGRE: LA CONQUISTA ESPAÑOLA

CAPÍTULO I

La Conquista española (I): *los hechos*[1]

Supe de la mina del oro en la provincia de Ciamba...

En 1492 Cristóbal Colón[2] alcanzó la meta que había ambicionado durante años: conseguir financiación regia para lo que era, en realidad, una empresa privada. Se había convertido en comisionado por Isabel y Fernando, los reyes de España,[3] gracias a un especial instrumento jurídico que recibiría el nombre de *Capitulaciones de Santa Fe*.[4] No se había tratado, sin duda, de un camino fácil. A pesar del tiempo transcurrido en amarga espera Colón no se había mostrado dispuesto a ceder lo más mínimo en sus pretensiones iniciales. Esta intransigencia llegó a tal extremo que las conversaciones entre él y los monarcas quedaron rotas e incluso se le dio orden de que abandonara el Campamento de Santa Fe desde donde los reyes vigilaban las últimas fases de la guerra de Granada, con la que concluiría una lucha de liberación nacional contra el islam que había durado casi ocho siglos. Posiblemente ahí hubiera terminado el episodio de no ser por la intervención, una vez más, de personajes como fray Hernando de Talavera o Diego de Deza. Recurriendo a todo tipo de argumentos, desde los espirituales a los meramente económicos, lograron salvar el abismo abierto entre Colón y los Reyes Católicos. A partir de entonces, incluso la financiación del viaje quedó resuelta gracias a la cantidad de 1 140 000 maravedíes ofrecida por el judío converso Luis de Santángel[5] de los fondos de la Santa Hermandad, de la que era cotesorero, y a otros 860 000 suplidos por mercaderes italianos residentes en Castilla y por comerciantes castellanos.

La formalización del proyecto se produjo el 17 de abril de 1492 con la firma de las *Capitulaciones de Santa Fe*. El texto de estas, conservado en el Archivo de Indias (Ind. General, legajo 418), es de una considerable brevedad, pero resulta tremendamente iluminador, a la vez que sugestivo, como indica su propio inicio:

> Las cosas suplicadas y que Vuestras Altezas dan y otorgan a don Cristóbal de Colón, en alguna satisfacción de lo que ha descubierto en las Mares Océanas y del viaje que ahora, con la ayuda de Dios, ha de hacer por ellas en servicio de Vuestras Altezas, son las que siguen

El encabezamiento de las *Capitulaciones* ha provocado desde hace tiempo una notable controversia toda vez que se refiere a las tierras objeto de la expedición no como territorios por descubrir sino como «lo que ha descubierto». Se ha especulado mucho con la posibilidad de un viaje al continente que conocemos con el nombre de América en los años inmediatamente anteriores a 1492. Hernando Colón hace referencia a algunos episodios de este tipo, pero de una manera muy inconcreta y poco clara. Sin embargo, Gonzalo Fernández de Oviedo habla de una expedición de la que sólo habría sobrevivido una persona que murió en brazos de su amigo Colón, después de indicarle cómo llegar a las tierras descubiertas. Por su parte, el Inca Garcilaso incluso afirma que el nombre de este supuesto informador de Colón era Alonso Sánchez de Huelva, y que conocía este dato porque se lo había comunicado su padre, un hidalgo que, en 1534, llegó hasta Quito con Pedro de Alvarado. Bartolomé de las Casas ha transmitido además la noticia de que Colón tenía una certeza de lo que afirmaba similar a la de si hubiera guardado en una habitación todo y pudiera enseñarlo. Desconocemos si efectivamente Colón llegó a utilizar el argumento de que ya había estado en aquellos territorios con anterioridad, pero esa posibilidad podría desprenderse del sentido literal de las *Capitulaciones*.

Lo que aparece a continuación son cinco bloques de concesiones realizadas por los monarcas y que, en términos generales, resultan extraordinarias. La primera era su nombramiento de almirante:

> Primeramente que Vuestras Altezas como Señores que son de las dichas Mares Océanas hacen desde ahora al dicho don Cristóbal

Colón su almirante en todas aquellas islas y tierras firmes que por su mano o industria se descubrirán o ganarán en las dichas Mares Océanas para durante su vida, y después de él muerto, a sus herederos y sucesores de uno en otro perpetuamente con todas aquellas preeminencias y prerrogativas pertenecientes al tal oficio, y según que don Alfonso Enríquez, *quondam*, almirante Mayor de Castilla, y los otros sus predecesores en el dicho oficio, lo tenían en sus distritos

En segundo lugar, Colón sería nombrado virrey y gobernador general de las mencionadas tierras y gozaría de un derecho de presentación de los cargos públicos localizados en ellas:

Otrosí, que Vuestras Altezas hacen al dicho don Cristóbal su Visorey y Gobernador General en todas las dichas tierras firmes e islas que como dicho es él descubriere o ganare en las dichas mares, y que para el regimiento de cada una y cualquiera de ellas, haga él elección de tres personas para cada oficio, y que Vuestras Altezas tomen y escojan uno, el que más fuere su servicio, y así serán mejor regidas las tierras que Nuestro Señor le dejará hallar y ganar al servicio de Vuestras Altezas.

A continuación, las *Capitulaciones* aceptaban unas pretensiones de Colón referidas a cuestiones económicas y que deben ser calificadas de realmente extraordinarias. En primer lugar, el diezmo de los productos obtenidos una vez deducidos los costos:

Item, que de todas y cualesquiera mercaderías, siquiera sean perlas, piedras preciosas, oro, plata, especiería y otras cualesquiera cosas y mercaderías de cualquier especie, nombre y manera que sean, que se compraren, trocaren, hallaren, ganaren y hubieren dentro de los límites de dicho Almirantazgo, que desde ahora Vuestras Altezas hacen merced al dicho don Cristóbal, y quieren que haya y lleve para sí la decena parte de todo ello, quitadas las costas todas que se hicieren en ello, por manera que de lo que quedare limpio y libre haya y tome la dicha décima parte para sí mismo, y haga de ello a su voluntad, quedando las otras nueve partes para Vuestras Altezas

Naturalmente, las condiciones leoninas en virtud de las que Colón se atribuía el diezmo podían llegar a convertirse en un semillero de conflictos. En previsión de estos, el Almirante se reservaba el derecho de jurisdicción sobre aquellos:

Otrosí, que si a causa de las mercaderías que él trajera de las islas y tierras, que así como dicho es se ganaren o se descubrieren, o de las que en trueque de aquellas se tomaran aqua de otros mercaderes naciere pleito alguno... plega a Vuestras Altezas que él (Colón) o su teniente y no otro juez conozcan de tal pleito, y así lo provean desde ahora

Finalmente, las *Capitulaciones* otorgaban a Colón un derecho discrecional de participación en los barcos que se armaran en el futuro y en los beneficios derivados de estos:

Item, que en todos los navíos que se armaren para el dicho trato y negociación, cada y cuando, y cuántas veces se armaren, que pueda el dicho don Cristóbal Colón si quisiere contribuir y pagar la ochena parte de todo lo que se gastare en el armazón, y que también haya y lleve del provecho la ochena parte de lo que resultare de la tal armada

Cada una de las concesiones otorgadas por los Reyes Católicos a Colón aparece en el escrito de las *Capitulaciones* seguida por la expresión «Place a Sus Altezas». Sin duda, se trataba de un costo elevadísimo pero, al parecer, justificado por los posibles beneficios del viaje.

Aquel mismo día, 17 de abril de 1492, los Reyes Católicos proveyeron a Colón de una carta para que los reyes, príncipes, señores y autoridades amigas le ayudaran en su viaje. Tres días después firmaron igualmente una carta en la que presentaban a Colón como su enviado ante cualquier príncipe oriental con el que pudiera encontrarse.

Se mire como se mire, la empresa indiana quedó bien definida desde el principio. Tenía la pretensión expresa de conseguir fabulosas ganancias materiales y partía de la base, apenas oculta, de que esas ganancias vendrían vinculadas a la conquista de tierras y pueblos a los que no se iba a pedir el menor consentimiento a la hora de convertirlos en súbditos y proveedores. No iban a faltar las discusiones en el reparto, pero estos patrones iban a marcar la Historia de la América hispana desde 1492.

Buscaba Colón llegar a las Indias por un camino que estimaba más breve que el seguido hasta entonces y, efectivamente, surcó el Atlántico con esa misión. Sabido es que el navegante llegó al Caribe y semejante logro lo interpretó como un éxito en su cometido. Al respecto no deja de ser significativo que en sus anotaciones Colón insistiera en su convicción de que había tocado las costas de Cipango, es decir, del Japón.

En el curso de los años siguientes, Colón iría descubriendo que las mieles se iban convirtiendo en acíbar, primero, porque aquellas tierras no proporcionaban los frutos que había esperado —lo que lo arrastró, por ejemplo, a convertir a los indígenas en esclavos para obtener algún fruto material de las expediciones—; segundo, porque los españoles podían ser ambiciosos y aguerridos, pero no estaban dispuestos a una tarea colonizadora sino a obtener el máximo beneficio que derivara del dominio de la población, y tercero, porque los reyes de España acabaron cuestionando los modos y maneras del almirante Colón. De hecho, Colón se vio destituido, cargado de cadenas y enviado a España tras su tercer viaje.[6]

Que las pretensiones del almirante y su gobierno en La Hispaniola resultaban intolerables para los reyes no admite discusión. Sin embargo, quisieron darle una nueva oportunidad de redimirse y le encomendaron la dirección de una cuarta expedición. En el curso de esta, Colón seguiría insistiendo en que se encontraba en las Indias. Tras caer enfermo en tierras de Centroamérica, dejaría constancia de que «Supe de la mina del oro en la provincia de Ciamba...». En otras palabras, Colón creía que el oro que buscaba estaba cerca, eso sí, en Ciamba, es decir, en la Cochinchina. Sin embargo, por mucho entusiasmo que exudara el almirante lo cierto es que no estaba pisando, como él creía, la tierra de Vietnam sino Centroamérica.

Pocos días después, Colón identificaría Veragua, la costa occidental del Panamá actual, nada menos que con las cercanías del río Ganges, la gran corriente fluvial de la India. Difícilmente podía haberse expresado con más claridad el marino que, al servicio de España, había descubierto un continente.

Con todo y a pesar de ser el primero en tocar tales tierras, Colón no lo había sido en la llegada a Centroamérica. Lo había precedido por poco otro español. En 1501 había llegado Rodrigo de Bastidas accidentalmente a la costa de Darién. Había partido desde la Hispaniola en búsqueda de fortuna e, inicialmente, sólo dio con la tierra. Sin embargo, unos meses después regresó y capturó a unos 600 indígenas a los que convirtió en esclavos. No, sin duda, era magro beneficio para el viaje aunque, muy posiblemente, habría preferido hacerse con cargamentos de metal precioso.

En 1502, en su búsqueda, Colón navegó hacia occidente topándose con Jamaica y con la isla de Guanaja cerca de la cual encontró una canoa en la que viajaban algunos mayas.[7] En la embarcación se encontraban además algunos tejidos de algodón, cacao, objetos de cobre fundido y vasijas de alabastro. No era mucho, pero sí dejaba de manifiesto que aquellos indígenas tenían una cultura superior a la de otros con los que se había encontrado desde 1492. Tras secuestrar a un anciano llamado Iumbe que iba en la canoa, le ordenó que le marcara el rumbo. Fue así como Colón llegó a la costa de Cajinas, hoy Trujillo, en la costa oriental de Honduras. El exuberante paisaje convenció al almirante de que había llegado a Catay y, por lo tanto, se encontraba cerca de la corte del Gran Khan.

En las semanas siguientes, Colón recorrió lo que denominó «la costa de Guaymuras». Frente a la Mosquitia sufrió una tormenta otoñal propia del trópico que desarboló una de sus naves y sumió en el peligro a las demás en aguas profundas. Como en tantas otras ocasiones, logró Colón salir de la peligrosa situación. Ya a salvo, denominaría a un cabo Gracias a Dios porque habían logrado salir de aquellas «honduras». Con posterioridad, se encontró con caribes agresivos en la costa de la actual Nicaragua y chiuchires pacíficos en Carian, una tierra a la que bautizó con el nombre de Costa Rica, en un ejemplo de pensamiento voluntarioso. A esas alturas, Colón estaba seguro de que estaba recorriendo «Tierra Firme». Optó por descansar durante las festividades de Navidad y Año Nuevo, y en la fiesta de Reyes de 1503 fundó en Bocas del Toro el primer asentamiento español en el istmo al que, de manera bien reveladora, llamó Belén. Pensó entonces Colón en proceder a la explotación de minas de oro, pero la agresividad de los nativos acabó obligándolo a reunir a sus hombres y a zarpar en abril para no volver. Tras multitud de azares, contratiempos, esperas y sinsabores la carrera del almirante había tocado a su final. La conquista de Centroamérica se dibujaba en el futuro inmediato, pero antes tendrían lugar otras expediciones.

El negocio de la esclavitud

A decir verdad, el primer intento de conquista de lo que ahora conocemos como Centroamérica no tuvo lugar hasta 1509, cuando llegó al Darién la expedición conjunta de Diego de Nicuesa y Alonso de Ojeda. Ambos eran marinos y habían recibido el título de gobernador de Tierra Firme. Nicuesa tenía la misión de regir los territorios de las actuales Nicaragua, Panamá y Costa Rica que habían recibido el nombre sugestivo de Castilla del Oro mientras que Ojeda se ocuparía de los territorios al sur del Golfo denominados Nueva Andalucía. Las expediciones pusieron de manifiesto varios aspectos característicos de la empresa conquistadora, como el hecho de que los conquistadores españoles buscaran fundamentalmente un enriquecimiento rápido, se desunieran por ambiciones personales y no dudaran a la hora de utilizar la violencia contra los rivales. Nicuesa exploró la costa hasta el cabo de Gracias, sufrió varios naufragios y finalmente fue enviado a la Hispaniola por sus hombres amotinados y a las órdenes de Vasco Núñez de Balboa. En 1510 fundaron la población de Santa María la Antigua del Darién, llamada a perdurar. De manera bien significativa, su mantenimiento iba a derivar de la captura y exportación de esclavos a las islas ya ocupadas, islas en las que la población indígena se había reducido trágicamente desde la llegada de los españoles.

A partir de 1511 fueron continuas las expediciones despachadas a las islas y las costas de Centroamérica para capturar indígenas cuyo destino sería convertirse en esclavos. Se trataba de un negocio que, a pesar de sus características, revestía no pocas veces carácter oficial. Por ejemplo, en 1516 Diego Velázquez, el propio gobernador de Cuba, organizó al menos dos de estas expediciones esclavistas. Era cierto que la reina Isabel había expresado su deseo de que sus súbditos indios fueran bien tratados, pero semejante circunstancia no impedía que estos fueran cazados como esclavos y que, cuando no se producía esa situación de manera formal, instituciones jurídicas como la encomienda[8] —en teoría creada para educar a los indios y encauzarlos hacia la sumisión a la Iglesia católica— se diferenciaban bien poco materialmente de la esclavitud. Las expediciones esclavistas darían paso a la Conquista.

«Mucha matanza de gente...»

«Llegado al dicho reino, hizo en la entrada dél mucha matanza de gente.»[9] Con estas palabras, comenzaba fray Bartolomé de las Casas su narración de la llegada a Centroamérica de los conquistadores españoles. Es obvio que la Conquista española, de enorme trascendencia en la historia universal, había merecido ya expresiones muy duras del dominico, pero en el caso de Centroamérica su opinión sería que «excedió a todos los pasados y presentes, así en la cantidad y número de las abominaciones que hizo, como de las gentes que destruyó y tierras que hizo desiertas, porque todas fueron infinitas».[10] De nuevo según el testimonio de Las Casas, «se metió la tierra adentro hacia Guatimala, fue destruyendo y quemando cuantos pueblos hallaba, y robando y matando las gentes dellos».[11]

No puede dudarse de que la descripción resulta pavorosa. De hecho, en el capítulo titulado «De la provincia y del reino de Guatemala» Las Casas señala cómo los españoles buscaban fundamentalmente oro y castigaban la resistencia de los indígenas a proporcionarles información al respecto quemándolos vivos.[12] Fueron precisamente las acciones de los conquistadores —que no dudaron en dar muerte a mujeres, niños y ancianos— lo que acabó provocando una resistencia de los indígenas. No resultó, ciertamente, muy efectiva. Por ejemplo, los nativos excavaron hoyos en cuyo fondo había unas estacas en las que esperaban que quedaran clavados los invasores. Sin embargo, el recurso sólo funcionó «una o dos veces... no más»[13] y los españoles acabaron por arrojar a los citados hoyos a los indígenas, «así a las mujeres preñadas y paridas, y niños y viejos y cuantos podían tomar».[14] Bien es verdad que a los señores a los que capturaban «por honra quemábanlo en vivas llamas».[15] Este tipo de matanzas, según el testimonio de Las Casas, se extendió desde 1524 hasta 1530 o 1531.

Durante esa época, los españoles siguieron insistiendo en la entrega de oro, una exigencia a la que los indios intentaron responder dando cobre dorado. No era, ciertamente, lo que deseaban los invasores que, para compensar económicamente la circunstancia, comenzaron a convertir a los indígenas en esclavos mandándolos en calidad de tales al Perú.[16] La resistencia, cada vez más encarnizada, de los indios recibió represalias crecientes que incluyeron acciones como asar niños[17] y apoderarse de las esposas e hijas de los indígenas para entregarlas a marineros y soldados.[18]

Los datos suministrados por Las Casas son ciertos en cuanto a las referencias sobrecogedoras y al innegable trauma ocasionado por la Conquista entre los indígenas. También seguramente podemos aceptar como verídicos los datos sobre las atrocidades y la manera en que estas acabaron provocando la resistencia de los nativos. Sin embargo, las noticias proporcionadas por el dominico no son suficientes para entender el porqué de la llegada de los españoles a Centroamérica —más allá, por supuesto, de la sed de oro— ni tampoco la manera en que se fueron imponiendo con mucha más dificultad de la que permite entrever el relato incluido en la *Destruición*. De entrada, la misma aparición del ejército europeo estuvo íntimamente relacionada con la evolución política de la región.

Década y media antes, en el otoño de 1509, los dos gobernantes del reino kaqchikel maya situado en las montañas del sur de Guatemala ya habían recibido una embajada de los yaquis de Culhuacan.[19] El enclave estaba situado en el valle de México y sus habitantes obedecían al señor de Tenochtitlan, la capital de lo que, convencionalmente, conocemos como Imperio azteca. Se trataba, pues, de embajadores de Moctezuma, el señor de los mexicas. Los yaquis no eran una fuerza de invasión, pero posiblemente pretendían provocar una impresión de poder que llevara a los kaqchikeles a pensar en la conveniencia de someterse a Moctezuma. Si esa era su intención, lo cierto es que no se vio coronada por el éxito.

Durante la siguiente década, los kaqchikeles contemplaron cómo los aztecas seguían expandiéndose, pero sin llegar a amenazarlos dada la existencia de distintos estados tapón que servían de barrera. Por otro lado, los españoles dirigieron su atención hacia otras zonas de Centroamérica. En 1514, Pedro Arias de Ávila, Pedrarias, llegó al Darién. Tenía ya la edad, más que avanzada entonces, de 65 años y venía provisto con el título de gobernador vitalicio y capitán general de Tierra Firme o Castilla del Oro. La intención de Pedrarias era controlar la zona, algo que no sucedería a su agrado, pero que no evitaría, por ejemplo, que sus descendientes tuvieran un papel más que relevante en el gobierno de Panamá hasta la llegada al poder de Torrijos.

De entrada, Pedrarias comenzó por someter a Núñez de Balboa —que había descubierto el océano Pacífico el año anterior y le había dado el nombre de Mar del Sur— a un juicio de residencia enviándolo detenido a España. Núñez de Balboa logró liberarse de los cargos que le imputaban, en una corte española que aún se encontraba asombrada por la magnitud de su descubrimiento; y así, dos años después se encontraba en Panamá dotado del título de adelantado de la Mar del Sur. Por si fuera poco, logró contraer matrimonio con la hija de Pedrarias e incluso entró en sociedad con su suegro para construir una flota dedicada a la exploración. En apariencia, las rencillas entre Pedrarias y Balboa quedaban zanjadas. No fue así. En 1517, al descubrir Pedrarias unas cartas de su yerno dirigidas al rey en las que criticaba su gobierno, procedió a detenerlo, a juzgarlo por traición y a ejecutarlo. De esta última misión se encargaría sin el menor reparo un amigo de Balboa llamado Francisco de Pizarro, el futuro conquistador del Perú.

En 1519, Pedrarias fundó Panamá que convirtió en sede del gobierno mientras Diego de Albites, siguiendo sus órdenes, fundó Nombre de Dios en el litoral atlántico. Ese mismo año, Moctezuma envió aviso de que un ejército bien armado y formado por extranjeros estaba entrando en el territorio del Imperio mexica. En 1521, los kaqchikeles supieron incluso que los recién llegados habían arrasado Tenochtitlán. Posiblemente también pensaron en la relación que existiría entre aquellos sujetos enigmáticos y distintas epidemias que habían asolado el sur de Guatemala durante el bienio previo. Fuera como fuese, kichés y kaqchikeles enviaron embajadores para reunirse con el jefe de las tropas que habían derrotado al Imperio mexica.

Cortés en Centroamérica (I)

El encuentro entre los indígenas y Hernán Cortés,[20] el español que había puesto fin a un imponente imperio de siglos, tuvo lugar en la ciudad mexica de Tuxpan en 1522. El relato de Cortés señala que los emisarios transmitieron el mensaje de que se ofrecían como súbditos y vasallos del rey de España. También según el conquistador, los embajadores fueron bien tratados y regresaron a su lugar de origen no sólo con presentes sino también con la promesa de que serían honrados en el futuro si permanecían en sus intenciones. No contamos con relato indígena de lo acontecido, pero es más que posible que los embajadores hubieran ofrecido el vasallaje a un extranjero que acababa de aniquilar el Imperio de Moctezuma.

A decir verdad, la situación de los reinos mayas no era especialmente próspera en esa época. Además de las epidemias que los habían azotado de manera implacable, su extensión resultaba reducida. Por añadidura, los dos reinos más importantes —kichés y kaqchikeles— se encontraban envueltos en una serie de enfrentamientos armados desde el siglo anterior, llevando en esos momentos la mejor parte los kaqchikeles.

En 1523 los kaqchikeles enviaron una nueva embajada a los españoles. Dieron con ellos en Soconusco, pero esta vez al frente no estaba Hernán Cortés sino otro personaje llamado Pedro de Alvarado. La delegación —cuyo jefe abrigaba la intención de penetrar en Guatemala en calidad de adelantado— fue mayor en esta ocasión y, de nuevo, presentaba algunas de las características específicas de la Conquista española. En no escasa medida y a pesar de su carácter oficial la Conquista la realizaba una compañía en la que figuraban tres hermanos y tres primos de Pedro de Alvarado. El objetivo era conquistar y repartir despojos y en ese reparto la familia tendría un lugar preeminente. Por añadidura, buena parte del peso militar no recaería en españoles sino en indígenas que estaban a sus órdenes.

Las cifras de los españoles varían según las fuentes, pero debieron variar entre los 200 y los 250 a los que acompañaban esclavos y libertos negros y unos 3 000 indígenas que, en su mayor parte, eran nahuas procedentes del centro de México. La expedición alcanzó Tehuantepec en enero de 1524 —desde donde Alvarado escribió a Hernán Cortés— y, poco después, llegó a Soconusco. Desde allí avanzó hasta la frontera kiché marcada por el río Samalá. Fue en ese enclave donde tuvo lugar el primero de una serie de combates que culminaron en la batalla de El Pinar. En el curso de esta los españoles se impusieron a las fuerzas del guerrero kiché Tecún Umán llamado a convertirse en un símbolo para los guatemaltecos hasta hoy.

Tras la victoria de El Pinar, Alvarado entró en el valle de Quetzaltenango donde volvió a enfrentarse con un ejército kiché. El español logró imponerse militarmente, lo que llevó a los kichés a solicitar la paz invitándolo a entrar en Utatlán, su capital. Alvarado pensó entonces que sólo se trataba de una trampa y procedió a apoderarse de los dos reyes kichés, a quemarlos vivos y a destruir la ciudad.[21] Desde sus ruinas, Alvarado volvió a escribir a Hernán Cortés. Por su parte, los kaqchikeles decidieron reforzar su alianza con los españoles enviándoles más tropas para colocarlas a sus órdenes. El ejército formado por españoles, nahuas y kaqchikeles arrasó lo que quedaba del reino de los kichés dándoles muerte o convirtiéndolos en esclavos. Después descendieron por el lago de Atitlán, aniquilaron a una fuerza maya que pretendió oponérseles y alcanzaron las tierras altas de Guatemala. No se detuvo ahí el conquistador español. Por el contrario, prosiguió hasta la costa del Pacífico y descendió al territorio de lo que ahora es El Salvador. Para el mes de julio, Alvarado había regresado a las tierras altas y convertido Iximché, la antigua capital de los kaqchikeles, en Santiago, desde donde escribió por cuarta vez a Cortés. El tono del escrito era triunfal, pero la campaña de medio año había dejado a Alvarado sólo el control sobre algunas zonas de territorio situadas en las tierras altas de Guatemala. Todo ello había sucedido mediante un despliegue de brutalidad excesivo incluso para los patrones habituales de la Conquista española.[22] Subsistía además el problema de la alianza con los kaqchikeles. Habían pensado estos que los españoles serían un instrumento ideal para acabar con sus enemigos kichés. Efectivamente, los kichés habían sido aniquilados, pero ahora los españoles se revelaban como extranjeros más interesados en la obtención de beneficios económicos que en la fidelidad a las alianzas. Alvarado pretendió que los kaqchikeles pagaran tributo, le entregaran suministros y le proporcionaran trabajadores. El resultado fue una rebelión de los kaqchikeles que se alargaría durante seis años (1524-1530).

En 1526 Pedro de Alvarado partió para España a fin de obtener un reconocimiento oficial de su labor conquistadora. La realidad es que la invasión había aniquilado a los kichés y había sublevado a los kaqchikeles: en términos generales, sólo podía considerarse un fracaso.

En la primavera de 1527 Jorge Alvarado, hermano de Pedro, regresó a Guatemala con una fuerza de invasión superior a la que había llegado unos años antes. El número de españoles rondaba los dos centenares, pero a ellos iban sumados entre 5 000 y 10 000 indígenas originarios del México central. En el verano de 1529 Jorge Alvarado había logrado consumar la Conquista, pero no cosecharía sus frutos. Ese mismo año se vio obligado a entregar el gobierno de Guatemala a Francisco de Orduña, un magistrado procedente de México.

Orduña concluyó con la pacificación de la tierra y, sobre todo, procedió a entregar tierras e indígenas a los conquistadores españoles de acuerdo con el régimen de encomiendas ya iniciado con Jorge Alvarado. En teoría, los indios trabajaban para los conquistadores y a cambio recibían cuidados y, sobre todo, instrucción espiritual que proporcionaba la Iglesia católica. En la práctica, los indígenas se veían reducidos a una situación de servidumbre apenas diferente de la esclavitud, sumándose a ella la violencia laboral, la espiritual e incluso la familiar. Durante la década de los años treinta, Pedro y Jorge Alvarado regresaron periódicamente a Guatemala para sofocar revueltas mayas y consolidar los mecanismos de explotación surgidos de la Conquista. El juicio de fray Bartolomé de las Casas —severo, pero no falaz como se ha pretendido ocasionalmente— estuvo relacionado de manera directa con estos años en que él mismo residió en Guatemala y en los que fue testigo del exterminio de millares de indígenas cuyo único delito era no informar sobre los lugares donde supuestamente habría oro como deseaban los españoles y resistirse a la explotación.

De acuerdo con la visión de los españoles, lo sucedido era simplemente una gesta gloriosa en la que el honor se veía satisfecho a la vez que se obtenían riquezas, se educaba en la única religión verdadera a unos salvajes e incluso se mezclaba generosamente la sangre propia con la de los indígenas. De hecho, tanto Pedro como Jorge de Alvarado se casaron con hijas del señor tlaxcalteca Xicohténcatl, mujeres que recibirían en el bautismo los nombres de doña Luisa y doña Lucía. Para los indígenas, lo acontecido resultaba muy diferente. Los invasores se habían valido de las rivalidades indígenas para destruir los distintos reinos y luego someterlos sin realizar distinción alguna entre ellos. Luego habían reducido a los habitantes a la esclavitud obligándolos a trabajar y a abandonar su religión sustituyéndola por la de los vencedores. Finalmente, no se les escapaba que los matrimonios de los Alvarado con indígenas habían buscado fortalecer la alianza militar con los tlaxcaltecas[23] y que las mujeres indígenas eran objeto continuado de entregas de sus padres a los conquistadores para bienquistarse con ellos así como de violaciones y ultrajes. Conceptos tan queridos para la leyenda rosa de la Conquista española como los de mestizaje o evangelización no eran contemplados de manera tan benévola por los indígenas y no debería sorprender que así fuera.

Cortés en Centroamérica (II)

No fueron los Alvarado los únicos que buscaron fortuna en Centroamérica durante la tercera y cuarta décadas del siglo xvi. A decir verdad, como ya hemos comentado antes, Hernán Cortés ya había puesto la vista en el territorio situado al sur de México. Primero, había enviado a Cristóbal de Olid a Cuba para conseguir vituallas y luego dirigirse a Centroamérica. Sin embargo, el gobernador Velázquez —que no era precisamente un amigo de Cortés— había llevado a Olid a cambiar de lealtades. Luego había venido el envío de Pedro de Alvarado; a continuación, mandó a Luis Marín a los Altos de Chiapas. No había sido tarea fácil porque, como reconocería Cortés, las expediciones se habían retrasado a causa de los disturbios que habían provocado las tropas recién llegadas de España. El desarrollo de las expediciones sería revelador acerca de la manera en que se iba a desarrollar la Conquista de Centroamérica y, especialmente, de cómo quedaría configurada la sociedad posterior.

Olid llegó en 1523 a la costa de Hibueras, donde fundó la Villa del Triunfo de la Cruz, apelando al rey y pasando por alto a Cortés.

Partiendo de esa base, Olid se extendió desde el valle de Sula al señorío de Naco, el más importante del norte de Honduras. Al saber de los tratos de Olid con Velázquez, Cortés envió una cuarta expedición al mando de Francisco de las Casas con la misión de detenerlo. Las Casas derrotó en un combate naval a Olid, pero una tormenta lo arrojó contra la costa provocando que se convirtiera en preso del enemigo de Cortés. Tan seguro se sentía Olid que se permitió invitar a Las Casas y a González Dávila a cenar con él durante la festividad de Año Nuevo de 1525. Semejante prepotencia resultó fatal porque los invitados lo atacaron con los cuchillos de mesa y, herido, Olid se vio obligado a huir. Las Casas dejó a su gente en Triunfo de la Cruz y regresó a México a informar de su expedición sin saber que Cortés iba en su busca por tierra. El encuentro no fue feliz. Las Casas era responsable de la muerte de Olid y fue enviado a España. De allí regresaría y, eximido de culpa, pasaría el resto de su existencia, hasta su muerte en 1536, en su encomienda mexicana.

Finalmente, sería el propio Cortés quien se adentrara en Honduras. Entró al istmo por Coatzacoalcos y llegó hasta Laguna de Términos aunque, a partir de Acalan, chocó con la resistencia de los indígenas. Desoyendo los consejos que le instaban a no cruzar a caballo las tierras bajas repletas de selvas y pantanos, Cortés llegó a Nito, un puerto cercano a San Gil. El conquistador encontró en esta ciudad a docenas de hombres y mujeres sublevados contra la autoridad española porque, a la sazón, no les dejaba embarcarse y, por añadidura, estaba a punto de ejecutar a un clérigo levantisco. En mal estado, Cortés los sumó a su expedición dirigiéndose a Trujillo. Lo que encontraron los españoles no fueron sino aldeas arrasadas producto de la táctica de tierra quemada por la que habían optado los indígenas para intentar evitar que los redujeran a la esclavitud.

La llegada de Cortés a Trujillo no fue precisamente halagüeña. De la población se había apoderado un bachiller llamado Pedro Moreno, enviado por la audiencia de Santo Domingo. Moreno ya había aprovechado para llevarse un barco cargado con esclavos, dejar mercancías a crédito a los españoles de Trujillo y, especialmente, sublevar a los habitantes en contra de Cortés. La reacción del conquistador de México fue fulminante: ordenó la detención de Moreno e intentó liberar a los esclavos, pero también se reunió con los caciques locales para que aceptaran el pago de un tributo. Sólo se opuso un cacique al que Cortés redujo a la esclavitud.

Cortés entregó en encomienda el tributo indígena y decidió que se continuara la Conquista de Centroamérica. Sin embargo, no sería él quien llevara a cabo esa tarea. Por el contrario, hubo de convencer a Hernández de Córdoba, teniente de Pedrarias en León, para que conquistara Nicaragua. Avisado de que en México la situación era inestable, Cortés decidió regresar por mar no sin antes dejar el lugar al mando de Hernando de Saavedra y señalar a Alvarado que tenía que consolidar la Conquista de Guatemala.

Esclavitud y desplome de la población indígena

Las distintas acciones militares fueron consolidando el dominio español a lo largo de Centroamérica. A mediados del siglo xvi, en términos generales y con los matices territoriales que se deseen, la Conquista podía darse por terminada. El costo resultó elevadísimo como, por otra parte, sucedería en otros lugares del continente. Desde 1520, las epidemias habían tenido unos efectos pavorosos sobre la población indígena. Sin defensas naturales frente a las enfermedades que portaban los conquistadores europeos, los nativos murieron por millares. Sin embargo, no cabe atribuir sólo a un factor tan neutral moralmente como la enfermedad el desplome demográfico sufrido por los pobladores de Centroamérica. A decir verdad, otros factores tuvieron un impacto nada desdeñable en el descenso pavoroso de la población autóctona: la política de sometimiento violento de los conquistadores, descrita, entre otros, por el padre Las Casas; la sumisión de los indígenas a la esclavitud o al régimen, no mucho mejor, de las encomiendas; el papel de los aliados indios como carne de cañón en los enfrentamientos militares y el desplome de los medios de vida. Sobre todos estos males vino a sumarse en 1529 una epidemia de tabardillo.

Los últimos focos de resistencia —como la planteada por los señoríos lencas del oeste de Honduras— no por feroces contaron con más posibilidades de triunfo. Durante cinco años, los lencas habían resistido las operaciones de los españoles, pero el caudillo Lempira, refugiado en la sierra, acabó cayendo en el Erapuca, y en 1536

Cicumba, el jefe indio más importante del norte de Honduras, fue derrotado en la batalla de Sula para acabar muriendo en prisión. Al fin y a la postre, todos los vencidos eran reducidos a la esclavitud. Unirlos a tareas como el lavado del oro en las corrientes de Honduras cumplía con varias funciones. Por supuesto, se hallaba la económica, esencial para comprender la Conquista, pero también estaba la ejemplarizante. Estos factores, unidos a la prolongación de la Conquista, convirtieron a la economía esclavista en perdurable. En teoría, la esclavitud debía limitarse a los negros en territorios sometidos a la Corona española, pero no extenderse a los indios. En la práctica, no fue así.

En México, los conquistadores explotaban a los indígenas en las encomiendas y recibían tributos que antes habían ido a parar al emperador de los mexicas. En Centroamérica, de manera muy especial, la esclavitud fue vista como un recurso enriquecedor e inagotable. No es sorprendente porque los territorios conquistados proporcionaban especialmente esclavos y oro. De hecho, en 1525 la Corona española prohibió que se redujera a la esclavitud a los indios que se habían sometido voluntariamente. La respuesta de los conquistadores ante la medida consistió en provocar incidentes que luego, al reprimirse, permitían alegar que los indios eran rebeldes y, por lo tanto, resultaba lícito someterlos a esclavitud. En 1526, por ejemplo, estalló la denominada rebelión de Olancho, en la que unos 150 caciques de Honduras y Nicaragua dirigidos por Guatucanola atacaron e incendiaron el real minero de Villahermosa. Se trataba de una reacción directa contra el empleo de su pueblo en los trabajos de minería. Los gobernadores españoles se enfrentaron entre ellos mismos en lugar de colaborar, pero aprovecharon la situación para capturar esclavos, no pocos de los cuales Pedrarias se dedicaba a vender a la sazón en Perú.

En 1531 se reiteró la prohibición de reducir a los indios a la esclavitud, pero la efectividad de la nueva norma resultó escasa. De hecho, en 1533 el gobernador Andrés de Cereceda suspendió la prohibición de la esclavitud alegando que debía convertir en esclavos a los rebeldes de Naco y entregárselos a sus soldados como recompensa por sus servicios. De lo que esto significó para los habitantes de Naco se puede juzgar por el hecho de que entre 1524 y 1533 su territorio fue invadido, abandonado y pacificado una vez tras otra siempre con el resultado de que nuevos indígenas se convirtieran en esclavos. A decir verdad, a esas alturas, el tráfico de esclavos se había convertido en la principal fuente de riqueza en el istmo.

Sin duda, hubo españoles que fueron acumulando un caudal mediante la esclavización de los indígenas. No es menos cierto que semejante circunstancia tuvo como consecuencia directa una notable inestabilidad. Incluso tras la terrible década de 1525 a 1536, motines y sublevaciones, enfrentamientos entre gobernadores y conflictos de jurisdicción, intrigas y contiendas constituyeron las características del dominio español y en su raíz estuvo de manera indiscutible el ansia por capturar esclavos. El resultado directo fue la despoblación. Territorios como la Lacandonia, el Petén, las Mosquitias o la Talamanca no se integraron en el dominio español. De los cinco millones y medio de indígenas que había a la llegada de los españoles apenas quedaban millón y medio en 1544, cuando Bartolomé de las Casas regresó con las Leyes Nuevas. Es decir, más de dos tercios de los pobladores originales habían desaparecido.

No significó ningún cambio demográfico positivo la llegada de las Leyes Nuevas. En torno a 1550, los indígenas eran menos de un millón. Para cuando concluyó el siglo XVI, la población india no era ni siquiera una vigésima parte de la que existía a la llegada de los españoles. El desastre, a pesar de todo, fue desigual. Por ejemplo, Guatemala y Chiapas contaban con una población a la que se podía someter a tributo. Sin embargo, la costa atlántica de Honduras estaba prácticamente deshabitada. Por su parte, la población de El Salvador se había mantenido gracias al cultivo del cacao.

La Conquista, como ya señalamos antes, podía darse por terminada a inicios de la segunda mitad del siglo XVI. De manera muy significativa, en 1560 se estableció una audiencia en Panamá relacionada con la importancia estratégica que poseían las nuevas rutas relacionadas con el Perú. Con todo, la mayor relevancia de aquel proceso no sería ni el dominio español ni el sometimiento de las poblaciones indígenas sino otro conjunto de circunstancias a las que nos referiremos en los siguientes capítulos.

Notas

[1] Acerca de la Conquista española en Centroamérica, véase F. G. L. Asselbergs, *Conquered Conquistadors : The Lienzo de Quauhquechollan; a Nahua Vision of the Conquest of Guatemala*, Leiden, CNSW Publications, 2004; R. S. Chamberlain, *The Conquest and Colonization of Honduras, 1502-1550*, Washington, Carnegie Institution of Washington, 1953; E. Fonseca Corrales, *Costa Rica colonial, la tierra y el hombre*, San José, 1984; G. D. Jones, *The Conquest of the Last Maya Kingdom*, Stanford, Stanford University Press, 1998, y *Maya Resistance to Spanish Rule: Time and History on a Colonial Frontier*, Albuquerque, University of New Mexico Press, 1989; W. Kramer, *Encomienda Politics in Early Colonial Guatemala, 1524-1544: Dividing the Spoils*, Boulder, Westview Press, 1994; W. G. Lovell, «Pedro de Alvarado and the Conquest of Guatemala, 1522-1524», en J. M. Weeks (ed.), *The Past and Present Maya: Essays in Honor of Robert M. Carmack*; M. Mac Leod, *Spanish Central America. A Socioeconomic History, 1520-1720*, Berkeley, 1973; L. Newson, *Indian Survival in Colonial Nicaragua*, Norman, 1987, y *The Cost of Conquest. Indian Decline in Honduras under the Spanish Rule*, Boulder, 1986; S. Martínez Peláez, *La patria del criollo. Ensayo de interpretación de la realidad colonial guatemalteca*, Guatemala, 1971; M. Restall, *Seven Myths of the Spanish Conquest*, Nueva York, Oxford University Press, 2003; M. Wortman, *Government and Society in Central America, 1680-1840*, Nueva York, 1982.

[2] Para fuentes de la época, consúltese: B. de las Casas, *Brevísima relación de la destrucción de las Indias*, Madrid, 2013, e *Historia de las Indias*, Madrid, 1957; C. Colón, *Diario de a bordo*, Madrid, 1985; B. Díaz del Castillo, *Historia verdadera de la conquista de la Nueva España*, Madrid, 2011; H. Cortés, *Cartas de relación*, Madrid, 1993; A. Recinos (ed.), *Memorial de Sololá: Anales de los Cakchiqueles*, México, Fondo de Cultura Económica, 1950.

[3] Acerca de Cristóbal Colón, véase L. Arranz, *Cristóbal Colón*, Madrid, 1986; M. Fernández Álvarez, *La gran aventura de Cristóbal Colón*, Madrid, 2006; S. de Madariaga, *Vida del muy magnífico señor don Cristóbal Colón*, Madrid, 2005 (1ª ed. 1940); J. Manzano, *Cristóbal Colón. Siete años decisivos de su vida. 1485-1492*, Madrid, 1964, y *Colón y su secreto. El predescubrimiento*, Madrid, 1989; F. Morales Padrón, *Historia del descubrimiento y conquista de América*, Madrid, 1981; C. Varela, *Cristóbal Colón: retrato de un hombre*, Madrid, 1992.

[4] Sobre las condiciones establecidas entre los Reyes Católicos y Colón resultan de lectura obligada las obras de D. Ramos Pérez, *Las capitulaciones para los viajes de «Descubrimiento y rescate»: su significado*, Valladolid, 1981, y *Por qué tuvo Colón que ofrecer su proyecto a España*, Valladolid, 1973, y la de A. Rumeu de Armas, *Nueva luz sobre las capitulaciones de Santa Fe de 1492*, Madrid, 1985.

[5] El papel de judíos y conversos españoles fue extraordinario en el viaje de Colón. Parece bastante difícil negar que Colón pertenecía a una de las dos categorías. Muy posiblemente, él mismo era un judío español —converso quizás— e intentó ocultar sus circunstancias personales. Sobre el origen español de Colón, véase Brother Nectario M., *Juan Colón, alias Cristobal Colón, alias Christopher Co-*

lumbus, was a Spanish Jew, Nueva York, Chedney Press, 1971; y especialmente P. Sánchez Otero, *España, patria de Colón*, Madrid, Biblioteca Nueva, 1922.

[6] Sobre el tema, véase C. Varela, *La caída de Cristóbal Colón. El juicio de Bobadilla*, Madrid, 2006.

[7] La expedición había zarpado el 9 de mayo de 1502 compuesta por el buque insignia La Capitana y las carabelas Santiago de Palos, Gallego y Vizcaíno.

[8] Sobre el régimen de encomiendas, véase W. Kramer, *Encomienda Politics in Early Colonial Guatemala, 1524-1544: Dividing the Spoils*, Boulder, Westview Press, 1994.

[9] B. de las Casas, *Brevísima relación de la destruición de las Indias*, Madrid, 2013, p. 116.

[10] *Ibid.*, p. 113.

[11] *Ibid.*, p. 114.

[12] *Ibid.*, pp. 116 y ss.

[13] *Ibid.*, p. 117.

[14] *Idem.*

[15] *Ibid.*, p. 118.

[16] *Ibid.*, pp. 118-119.

[17] *Ibid.*, p. 119.

[18] *Ibid.*, p. 120.

[19] El episodio puede verse en J. M. Maxwell y R. M. Hill II (eds.), *Kaqchikel Chronicles: The Definitive Edition*, Austin, 2006, pp. 237-238.

[20] Acerca de Hernán Cortés, véase C. Duverger, *Hernán Cortés*, Madrid, 2005; J. Fuentes Mares, *Cortés, el hombre*, México, 1981; J. Miralles, *Hernán Cortés. Inventor de México*, Barcelona, 2001; S. de Madariaga, *Hernán Cortés*, Buenos Aires, 1941.

[21] Los detalles de la ejecución varían según las fuentes. El Popol Vuh, por ejemplo, la menciona, pero señala que fueron colgados. Cabe la posibilidad de que Alvarado ordenara que se les quemaran los pies como tortura y que luego procediera a ahorcarlos. Una referencia a esa tortura aparece en A. Recinos (ed.), *Memorial de Sololá: Anales de los Cakchiqueles*, México, Fondo de Cultura Económica, 1950, p. 125.

[22] En el mismo sentido, M. Restall y F. Asselbergs, *Invading Guatemala. Spanish, Nahua and Maya Accounts of the Conquest Wars*, Pensilvania, 2007, p. 12.

[23] Al respecto, véase R. Herrera, «Concubines and Wives: Re-Interpreting Native-Spanish Intimate Unions in Sixteenth-Century Guatemala», en L. E. Matthew y M. R. Oudijk (eds.), *Indian Conquistadors: Indigenous Allies in the Conquest of Mesoamerica*, Norman, University Oklahoma Press, 2007.

CAPÍTULO II

La Conquista española (II): *nuevos valores en una nueva sociedad*

Ausencia de la Reforma

La diferencia de España —y de las naciones surgidas de su dominio colonial— con otras naciones constituye uno de los temas más manidos de la historia y la ensayística occidentales. Por razones generalmente interesadas se ha insistido en que España es diferente. En unos casos, se apunta a que esa diferencia es buena ya que España fue, como afirmaba el franquismo, «reserva espiritual de Occidente» y en otros se insiste en que la diferencia es negativa ya que se le señala como una nación especialmente atrasada. La afirmación de que España es diferente constituye una obviedad. Lo es como lo son Italia, Francia o Alemania. Que esa diferencia sea en ocasiones para bien y, en otras, para mal, no puede tampoco discutirse. Es obvio que su trayectoria es mejor que la de, pongamos, Uganda, pero no ha sido especialmente feliz durante siglos y en esta época no vive sus mejores momentos. Negar la diferencia atribuyéndola a una supuesta «hispanofobia» no pasa de ser una necedad poco convincente, fruto, de manera general, de la ignorancia y del prejuicio. España ha sido y es diferente fundamentalmente por su mentalidad; por más que no sea única en esa mentalidad ya que comparte muchos aspectos de ella con otras naciones que han tenido desarrollos históricos con interesantes —y previsibles— paralelos. Pero, sobre todo, resulta básico comprender que esa mentalidad deriva de un hecho tan esencial como la opción religiosa que cristaliza en España de manera innegable en un periodo que va de la expulsión de los judíos en 1492 a los primeros autos de fe con quemas de protestantes ya en el siglo siguiente. En ese periodo los gobernantes españoles optaron por una posición clara y definida y eso influiría enormemente no sólo en el terreno religioso —como cabría esperar— sino en la conformación de una mentalidad concreta que ha llegado hasta el día de hoy y que ha ido modelando incluso instancias en apariencia tan distantes del catolicismo como la configuración de la izquierda. De hecho, España —como Italia, como Portugal, como Irlanda— quedó fuera del cambio de mentalidad que significó la Reforma protestante[1] lo que tuvo enormes consecuencias que trascendieron del fenómeno religioso y modelaron la sociedad, la economía y la política.

En términos meramente históricos y religiosos, la Reforma del siglo XVI significó un deseo decidido, ferviente y entusiasta de regresar a la cosmovisión de la Biblia, una cosmovisión diferente de la que presentaba el catolicismo romano que, al menos desde el siglo IV, había ido sumando al cristianismo original otros elementos procedentes del derecho romano, la filosofía griega y las culturas germánicas. La Reforma —como el Renacimiento— intentó pasar por alto la Edad Media y regresar a lo que consideraba una pureza primigenia corrompida desde hacía siglos. Como en el caso del Renacimiento, lo que logró no fue un regreso —imposible, por otra parte— a la Edad Antigua, sino algo similar y distinto, pero con un enorme poder de atracción y de sugestión. España no sólo repudió la Reforma sino que la persiguió ferozmente en su territorio y se convirtió en espada entusiasta de la Contrarreforma y de sus valores. Serían esos valores contrapuestos de un modo diametral a los de la Reforma los que trasladaría al continente americano y dentro de él a Centroamérica. En las páginas siguientes señalaremos algunos de estos valores especialmente relevantes en la medida en que iban a conformar el futuro de las actuales repúblicas centroamericanas.

Visión del trabajo

Siglos antes de la Conquista, la Iglesia católica ya era tributaria de una visión del trabajo desvinculada de la Biblia y que Eusebio, gran defensor del constantinianismo, en el siglo IV había descrito de la siguiente manera:

> Dos formas de vida fueron dadas por la ley de Cristo a su Iglesia. Una es sobrenatural y sobrepasa la forma de vida común... Completa y permanentemente se separa de la vida común y ordinaria de la humanidad, y se dedica al servicio de Dios solo... Esa es la forma perfecta de vida cristiana. Y la otra, más humilde, más humana, permite a los hombres... dedicarse a la agricultura, al comercio, y a otros intereses más seculares al igual que a la religión... Y una especie de piedad de segunda clase se les atribuye.[2]

Esa diferenciación entre trabajos más o menos santos se fue fortaleciendo a lo largo de la Edad Media con aportes como pudieron ser: la visión de una sociedad esclavista como la romana o la caballeresca y militar de los pueblos germánicos que tanto se imbricó en la Iglesia católica y que tan poco tiene que ver con el cristianismo primitivo de Jesús y sus apóstoles, judíos a fin de cuentas. En el caso español, la lucha de casi ocho siglos contra el islam había acentuado aún más el desprecio por el trabajo manual y el culto por las fortunas ganadas a punta de espada y cuyos frutos eran repartidos con las mesnadas. A decir verdad, el conquistador español en tierras americanas no era sino aquel reconquistador del territorio español, arrancado palmo a palmo al musulmán. No fue en absoluto casual que los reyes que acabaron la reconquista con la toma de Granada fueran los mismos que respaldaron a Colón en su empresa indiana. Las repercusiones de ese punto de partida iban a ser extraordinariamente fecundas.

A finales del siglo XV e inicios del siglo XVI nadie habría discutido en España —y, en general, en la Europa católica— la existencia de trabajos más dignos y menos dignos; que ciertas ocupaciones no eran propias de los señores o simplemente de gente que se preciara, e incluso que el trabajo era, a fin de cuentas, un castigo impuesto por Dios a nuestros primeros padres por su caída en el huerto del Edén. Los que podían disentir de esa visión —como los judíos— habían sido expulsados de territorio español el mismo año del descubrimiento de América.

La Reforma presentó una visión radicalmente distinta del trabajo. De entrada, el regreso a la Biblia permitió descubrir —¡más de un milenio para darse cuenta!— que Adán ya había recibido de Dios la misión de trabajar antes de la caída y que esa labor consistía en algo tan teóricamente servil como labrar la tierra y guardarla (Génesis 2: 15). Aquel sencillo descubrimiento cambiaría la historia de Occidente —y con ella la de la humanidad— de manera radical. Lutero, por ejemplo, pudo escribir: «Cuando un ama de casa cocina y limpia y realiza otras tareas domésticas, porque ese es el mandato de Dios, incluso tan pequeño trabajo debe ser alabado como un servicio a Dios que sobrepasa en mucho la santidad y el ascetismo de todos los monjes y monjas». En su Comentario a Génesis 13:13, el alemán señalaría en relación con las tareas de la casa que «no tienen apariencia de santidad, y, sin embargo, esas obras relacionadas con las tareas domésticas son más deseables que todas las obras de todos los monjes y monjas [...] De manera similar, los trabajos seculares son una adoración de Dios y una obediencia que complace a Dios». Igualmente en su Exposición del Salmo 128:2 añadiría: «Vuestro trabajo es un asunto muy sagrado. Dios se deleita en él y a través de él desea conceder Su bendición sobre vosotros». Calvino —a quien se suele asociar un tanto exageradamente con la denominada ética protestante del trabajo— fue también muy claro al respecto. En su Comentario a Lucas 10:38 dijo:

> Es un error el afirmar que aquellos que huyen de los asuntos del mundo y se dedican a la contemplación están llevando una vida angélica [...] Sabemos que los hombres fueron creados para ocuparse con el trabajo y que ningún sacrificio agrada más a Dios que el que cada uno se ocupe de su vocación y estudios pàra vivir bien a favor del bien común.

Semejante visión tendría consecuencias palpables en el norte de Europa y también, tiempo después, en el norte del continente americano. Sin embargo, dicha visión —que no fue exclusiva de Lutero sino que aparece en otros reformadores como Tyndale, Calvino, William Perkins, Richard Steele, Hugh Latimer y otros— brillaría por su ausencia en aquellas partes del mundo donde no triunfó la Reforma. En España fueron expulsados unos judíos que tenían una visión del trabajo idéntica a la de los protestantes puesto que, como ellos, la derivaban de la Biblia; iniciado el siglo xvi los herejes tendrían que optar entre la hoguera o el exilio. Porque, desde luego, la visión del trabajo de los motejados como herejes era clara desde el principio y nada se parecía a la católica y, por supuesto, no se instalaría en la América hispana. La manera en que ambas cosmovisiones quedaron reflejadas en el arte resulta ampliamente reveladora. Mientras Velázquez pintaba figuras regias y religiosas y se tomaba un respiro con bufones y tontos, el protestante Rembrandt retrataba escenas bíblicas y también pañeros (sí, pañeros) o a los médicos en medio de una lección de anatomía. Eran dos cosmovisiones bien distintas y no deja de ser revelador que la vencedora fuera la nación pequeña de Rembrandt con menos hidalgos quizá, pero más entusiasmo por el comercio y el trabajo manual. Repásense las primeras muestras de arte hispanoamericano y se identificará enseguida qué cultura del trabajo iba a seguir el subcontinente.

Ni siquiera las sucesivas derrotas del Imperio español provocaron un cambio de mentalidad con respecto al trabajo. En fecha tan tardía como el 18 de marzo de 1783 —los protestantes llevaban ya más de dos siglos y medio de ventaja en la idea de impulsar la bondad de cualquier trabajo— Carlos III, mediante una Real Cédula, intentó acabar con la «deshonra legal del trabajo». En otras palabras, como habían pretendido Lutero, Calvino o los puritanos, Carlos III señalaba que ningún trabajo honesto era deshonroso. El intento del monarca ilustrado, sin duda, iba en la buena dirección, pero chocaba con una mentalidad arraigada a lo largo de siglos. Más que aquel texto legal promulgado pocas décadas antes de la emancipación iba a seguir pesando en Centroamérica una cultura que soñaba con obtener la riqueza gracias a la conquista violenta, al reparto de despojos y a la sumisión de otros a tareas en condiciones no pocas veces inhumanas. Semejante visión, de manera más o menos consciente, perduraría hasta la actualidad.

Finanzas

Algo similar a lo acontecido con el trabajo iba a suceder en Centroamérica con la visión de la economía. Los conquistadores trajeron

consigo una especial cultura económica que se basaba, fundamentalmente, en la explotación de las riquezas que se extendían ante la vista
y, de manera especial, en los metales preciosos y la tierra. Como en
el caso del trabajo, los orígenes de esa visión eran profundamente
religiosos y se hundían en una enseñanza católica medieval contraria
a la banca, a los instrumentos financieros y al préstamo a interés. La
razón de esa enseñanza no se encontraba en que la Biblia dijera algo
en su contra —no hay un solo párrafo en el Nuevo Testamento
donde se arremeta contra prestamistas o banqueros—, sino porque
Aristóteles (un genio si se quiere, aunque no en el terreno de la economía) escribió páginas contra el dinero y los préstamos, las cuales
santo Tomás de Aquino y otros autores católicos medievales repi-
tieron con más fruición que reflexión. No sorprende que con ese
punto de vista —de origen helénico-pagano y no cristiano— se mul-
tiplicaran las condenas al préstamo con interés a lo largo de la Edad
Media. El Segundo Concilio de Letrán (1139) prohibió su ejercicio
a laicos y clérigos; el Tercero (1179) impuso a los prestamistas la
pena de excomunión y les negó cristiana sepultura; el Cuarto (1215)
ordenó el destierro incluso de los judíos que lo practicaran. El Segundo Concilio de Lyon (1274) ordenó la expulsión de los prestamistas, disponiéndose que los obispos que no los excomulgaran
fueran suspendidos. El Concilio de Vienne (1311) ordenó que se
procediera a investigar a los gobernantes que toleraran el préstamo
a interés y el de 1317 incluso calificó como herejía el negar que el
préstamo a interés fuera pecado. Se trata sólo de algunos botones de
muestra de una corriente continua que no veía la diferencia entre el
préstamo con interés y la usura y que además aumentaba las penas
—llegó a equiparar el préstamo con el adulterio o la homosexua-
lidad— visto que no terminaban de extirpar el pecado de recurrir al
crédito y otorgarlo. Algún economista ha afirmado recientemente
que incluso la imposición de la confesión auricular a inicios del siglo
XIII estuvo directamente relacionada con el deseo de acabar con el
préstamo a interés, pero no voy a entrar en ese tema porque des-
viaría mucho el objeto del presente estudio. La realidad es que negar
que los préstamos a interés —un instrumento esencial para el tráfico
comercial y la vida económica— pudieran ser lícitos tuvo consecuencias extraordinariamente perversas. Por un lado, se acabó permitiendo la práctica del préstamo a interés, pero a los judíos, lo que

los convirtió en chivos expiatorios de los odios que acaban sufriendo quienes desean cobrar los créditos. Pero el antisemitismo y la negativa a aceptar instrumentos financieros no lograron que los problemas económicos se solventaran. Así, a inicios del siglo xvi, el préstamo a interés había sido sustituido por un contrato trino —buen nombre para una institución derivada del deseo de desbordar disposiciones canónicas— que combinaba el mutuo, el comodato y el seguro. Se trataba de un reconocimiento hipócrita de la necesidad de instrumentos que se condenaban y contra los que se clamaba desde los púlpitos. Algo era, pero resultaba abiertamente insuficiente y, desde luego, discutible en términos morales y económicos.

Esa condena de la actividad bancaria tuvo funestos resultados para las naciones católicas que, como era de esperar, obedecieron los criterios de la Santa Sede al respecto o si los violaron lo hicieron de manera clandestina y con mala conciencia. Semejante conducta tuvo, entre otras consecuencias, que buena parte de sus poblaciones relacionara —sigue haciéndolo— la simple actividad bancaria con algo sucio, pecaminoso o indigno. El Flandes católico, Lieja o Colonia sufrieron no poco con esa situación, pero, con todo, la peor parte le tocó a España, convertida en la espada de la Contrarreforma y con ella a su Imperio, en el que la cultura dominante podía legitimar el expolio económico, el exterminio de las poblaciones indígenas o incluso la venta de los supervivientes, pero no la articulación de instrumentos mercantiles modernos. Así, mientras de manera espectacular e innegable, en unas décadas, los reformados desarrollaban la banca moderna y, lógicamente, se hacían con su control, y mientras naciones especialmente atrasadas en esa cuestión a finales del siglo xvi habían avanzado mucho más que sus rivales católicas, España seguía atascada en un atraso financiero que enclavaría en América.

Los efectos políticos y militares de esa circunstancia fueron fulminantes además de muy negativos para España. Durante los inicios de la Guerra de los Treinta Años, Cristián IV de Dinamarca y Gustavo Adolfo de Suecia fueron los campeones de la defensa de la libertad religiosa frente a los católicos que intentaban acabar con ella aun violando pactos como la paz de Augsburgo. Es sabido que, como supo ver Fernando el Católico, el nervio de la guerra es el dinero y Cristián IV basó financieramente su esfuerzo bélico en los hermanos Willem, una firma banquera con sede en Ámsterdam, y después en los Marcelis. Ambas bancas pertenecían a familias calvinistas. En el caso de Gustavo Adolfo —un genio militar que ha sido comparado con Federico de Prusia y Napoleón— su base financiera estuvo en Geer y Trip. Sabidos son los golpes extraordinarios que el ejército sueco ocasionó a las armas imperiales hispanas y a sus aliados. La firma bancaria, a decir verdad, hubiera podido servir a España, pero la intolerancia religiosa la expulsó del Flandes español obligándola a establecerse en Ámsterdam. Se convirtieron así en lo que algún historiador ha denominado los «Krupp del siglo xvii». Por desgracia, esos «Krupp» estaban en contra de la España de la Contrarreforma.

Se podría objetar que, como protestantes, los banqueros de dicha religión servían a potencias protestantes. La realidad es que no fue así. Los protestantes —como los judíos antes que ellos— aplicaban una regla contenida en la Biblia, la de mantener la lealtad al gobierno que fuera siempre que garantizara su libertad religiosa. Puestos a ser santos, no iban a serlo más que José que fue ministro de finanzas del faraón, o que Daniel que aconsejó al impío Nabucodonosor. Trabajaban, por lo tanto, para los clientes que los requerían. Los católicos que conservaron en aquella época un poco de sensatez supieron ver esta circunstancia y la aprovecharon. No fue el caso de España, pero sí el de algunos de sus enemigos. Por ejemplo, el cardenal Richelieu, príncipe de la Iglesia católica, pero no hasta el punto de perjudicar los intereses de Francia, supo que la banca segura era la protestante y a ella recurrió. Al igual que Enrique IV, el cardenal era consciente de que el talento financiero se hallaba en los hugonotes, los calvinistas franceses, y no tuvo problemas de conciencia en utilizarlo. De manera bien reveladora, su gran banquero fue el hugonote Barthélemy d'Herwarth. Gracias a él, Francia pudo, entre otras victorias, hacerse con el control de Alsacia. Persona de tanto talento y hereje por añadidura, no tardó en despertar las envidias de los católicos franceses. Sin embargo Richelieu, mucho más inteligente que los Reyes Católicos y mucho más preocupado por los intereses nacionales que los Austrias españoles, lo defendió ante el niño Luis XIV con palabras tajantes: «Monsieur d'Herwarth ha salvado a Francia y preservado la corona para el rey. Sus servicios nunca deberían ser olvidados. El rey los hará inmortales mediante las marcas de honor y reconocimiento que le concederá a él y a su familia». Luis XIV siguió el consejo del cardenal y lo nombró *Intendant des Finances*. Mazarino, otro cardenal, mantuvo en el puesto a d'Herwarth quien colocó en los puestos de finanzas a gente competente, es decir, calvinistas que creían que el dinero y su gestión no eran algo malo. El resultado fue óptimo para Francia y pésimo para España donde el conde-duque de Olivares ni siquiera consiguió anular el edicto de expulsión que pesaba sobre los judíos desde 1492 y, por supuesto, jamás hubiera podido emplear a protestantes. El caso de Richelieu no fue excepcional.

Por desgracia, España no aprendió la lección e iba a seguir despreciando los bancos y su actividad durante siglos. Como en el caso del trabajo, al que quiso privar del carácter infamante que le daban los españoles, habría que esperar a finales del siglo XVIII para que Carlos III intentara que la nación se desprendiera de sus prejuicios. También, como en el caso de la ética del trabajo, el monarca ilustrado fracasó en ese intento. Hasta mediados del siglo XIX no aparecieron los primeros bancos en España. De nuevo, la nación se había quedado varios siglos —en este caso más de 400 años— retrasada en relación con la Europa donde había triunfado la Reforma. La herencia transmitida a Centroamérica sería no por evidente menos drástica. Durante siglos, las distintas naciones tendrían una notable dificultad para contar con un sistema financiero y todavía en el siglo XXI no faltaría algún banco centroamericano intervenido internacionalmente por dedicarse a actividades delictivas más que al ejercicio de las que se supone que debían ser sus funciones. Determinadas semillas no pueden dar frutos diferentes sólo porque pasa el tiempo.

Educación

Si la Conquista española iba a delimitar la visión del trabajo y de las finanzas en la consagración de la visión medieval que significó la Contrarreforma no menor fue esa horma en el terreno de la educación. La Biblia relata que cuando Moisés se despidió de su sucesor, Josué, le encargó lo siguiente: «Nunca se apartará de tu boca este libro de la Torah, sino que, de día y de noche, meditarás en él, para que guardes y te comportes de acuerdo con todo lo que está escrito en él, porque de esa manera prosperará tu camino y todo te saldrá bien» (Josué 1:8). Pocas veces un consejo habrá alterado la marcha de la historia de una manera tan espectacular ya que la conducta y la práctica religiosas, a partir de ese momento, no iban a estar vinculadas en el futuro tanto al rito —aunque existiera— como a la lectura de un texto sagrado que se abría no a una casta sacerdotal sino al conjunto del pueblo. El proceso de alfabetización resultaría tan obvio, por ejemplo, en la época de Jesús que a nadie le sorprendía que el hijo de un carpintero o de un pescador supiera leer, escribir y discutir sobre lo leído.

Religión del libro surgida del judaísmo, el cristianismo debería haber seguido la senda marcada por aquel en lo que a alfabetización se refiere. Así, fue en el siglo I cuando Pablo, despidiéndose de Timoteo, le indicó que «desde la niñez conoces las Sagradas Escrituras las cuales pueden hacerte sabio para la salvación por la fe en Cristo Jesús» (2 Timoteo 3:15). Sin embargo, como tantos otros aspectos del cristianismo, la situación cambió de manera radical en el siglo IV. El cristianismo fue cambiando el énfasis en el Libro por una visión ceremonial y sacerdotal que se fue desarrollando todavía más durante la Edad Media. Los monasterios desempeñaron un cierto papel en la preservación de la cultura clásica y no es menos cierto que hubo algún intento —fallido— de popularizar en cierta medida esa cultura. Sin embargo, en el curso de la Edad Media quedó claro que, al igual que en el paganismo, en el seno del cristianismo se podía ser piadoso —incluso un santo— y, a la vez, analfabeto. Bastaba ver las imágenes —Biblia de piedra e incluso Biblia de los pobres las han llamado algunos— para conocer el catolicismo y vivir de acuerdo con él. Por el contrario, el saber leer y escribir no era condición para conocer el camino de la salvación y, dicho sea de paso, tampoco para otras tareas como la guerra o el campo. Esa visión saltó hecha añicos en Europa con la Reforma protestante del siglo XVI.

Para los reformadores, siguiendo la enseñanza del Nuevo Testamento (2 Timoteo 3:14-17), la única regla de fe y conducta era la Biblia, un libro al que todos debían tener acceso para poder examinarlo con libertad y sin las ataduras de una jerarquía porque, al ser la palabra de Dios, se explicaba por sí mismo. Resulta curioso el día de hoy observar la manera machacona en que algunos católicos persisten en considerar el libre examen de la Biblia como una conducta malvada. En realidad, la formulación de los reformados no pasaba de ser la afirmación de un derecho fundamental, el de acercarse al texto sagrado y poderlo leer en la propia lengua y no en un latín que era desconocido para la mayoría. Por otro lado —y volviendo con ello a una línea ya existente en el judaísmo— el pastor en el protestantismo dejó de ser un sacerdote para convertirse en el sabio que conoce las Escrituras, al igual que sucedía desde hacía siglos con los rabinos.

La pregunta resulta obvia en su sencillez: ¿cómo se puede acercar nadie a un texto que procede de Dios por definición si no se sabe leer ni escribir? Las consecuencias de esa circunstancia fueron extraordinarias porque la Reforma —a la que España combatía— deseaba sobrevivir y además expandirse y ninguna de esas metas era alcanzable sin extender la alfabetización. Así, el 21 de mayo de 1536 se estableció la primera escuela pública y obligatoria de la historia. El lugar era la protestante Ginebra. No fue una excepción. La *Primera confesión escocesa* de 1547 establecía una reforma de la educación exigiendo que en los medios rurales se enseñara a los niños en escuelas adjuntas a las iglesias; en las ciudades con superintendentes se abrieran escuelas y universidades con un personal debidamente pagado. Era el inicio, pero iba a crear en pocos años diferencias abismales entre unas naciones y otras.

Las naciones donde había triunfado la Reforma multiplicaron los esfuerzos por educar no a élites —como la Compañía de Jesús— o a niños vagabundos —como pretendió con más corazón que éxito José de Calasanz— sino a toda la población sin excepciones. A finales del siglo XVI el índice de alfabetización de la Europa protestante era muy superior al de la católica, sin excluir una España en la que Felipe II había decretado que los estudiantes no cursaran estudios en universidades extranjeras por miedo a la contaminación de la herejía o una Francia en la que la población hugonote estaba mucho más alfabetizada que la católica. En el caso de algunas confesiones, el avance fue verdaderamente espectacular. Por ejemplo, a mediados del siglo XVII, justo cuando España dejaba de ser la potencia hegemónica de Europa, los cuáqueros disfrutaban de un índice de alfabetización de 100%, lo que explica no poco sus avances en las décadas siguientes en áreas como la banca, el comercio o la ciencia, tres áreas de las que, no por casualidad, España se apartaría lamentablemente.

Las consecuencias de semejante cosmovisión se harían sentir también en Centroamérica. En 1808, cuando la metrópoli fue invadida por las tropas del emperador Napoleón el porcentaje de población alfabetizada apenas llegaba a 10%. ¿Acaso hubiera podido ser mejor en Centroamérica? Ciertamente no y, a diferencia de las naciones que habían abrazado la Reforma, la educación como meta de toda la sociedad simplemente no existía. Así continuaría todo durante todo el periodo colonial.

Notas

[1] En relación con la Reforma protestante del siglo XVI no voy a entrar en cuestiones históricas que ya he tratado, por ejemplo, en *El Caso Lutero*, una obra que ganó el premio de ensayo Finis Terrae. Tampoco me voy a adentrar en la descripción de posiciones doctrinales que trascienden este tema.

[2] Eusebio. DEM. EV. 1.8 (ED. HEIKEL; GCS 23.39).

CAPÍTULO III

La Conquista española (III): *nuevos valores en una nueva sociedad: ciencia, primacía de la ley, pecados veniales y división de poderes*

Ciencia

Distanciada de una nueva cultura en la que el trabajo, las finanzas y la educación resultarían esenciales, la sociedad nacida de la Conquista iba a verse ayuna de otros énfasis culturales perdidos también en la España de la Contrarreforma. Semejante situación difícilmente hubiera podido ser más negativa para un imperio. En teoría, el desarrollo de la ciencia no sólo era obligado en una monarquía que no dejaba de expandirse sino indispensable para poder mantener su poderío. Sucedió, sin embargo, todo lo contrario. Fue Antonio Tovar el que lo expresó de una manera difícil de superar por su contundencia y exactitud:

> Mitigue usted, si quiere lo que le digo; pero creo que hay que decirlo de una vez y en voz alta. La Universidad de Salamanca dejó de comprar libros en 1550. Llegaban los inquisidores y arrancaban las hojas o los quemaban. La Ciencia española se acabó entonces, en 1550, aunque haya habido algunos intentos de revivirla después. Pero yo no puedo decir otra cosa que la rémora de la Educación actual ha sido la Iglesia.[1]

Que la Reforma del siglo XVI fue la clave para entender la Revolución científica es una verdad histórica admitida en todas las áreas. La ha subrayado el historiador de la ciencia Thomas Kuhn en *La estructura de las revoluciones científicas*. Como señaló H. Butterfield en *The Origins of Modern Science*: «no sólo Inglaterra y Holanda sostienen una posición dirigente, sino esa parte de Francia que fue más activa en promocionar el nuevo orden: la sección Hugonote o ex Hugonote, especialmente los hugonotes en el exilio, los nómadas, que desempeñaron un parte importante en el intercambio intelectual que estaba tomando lugar».[2]

La razón de que así fuera resultaba obvia. Una vez más se encontraba en el regreso a la Biblia como ha vuelto a recordar Peter Harrison en una monografía extraordinaria: *The Bible and the Emergence of Modern Science*. El retorno a la Biblia —el tan denostado y mal entendido libre examen— permitió recuperar las insistentes referencias de Salomón para estudiar la naturaleza; los repetidas llamados de los salmos y los profetas para observar el cosmos y, sobre todo, el mandato recogido en el primer libro del Génesis (ese mismo en el que se afirma que el hombre trabajaba antes de la caída) de dominar y conocer la creación. Ese retorno a las enseñanzas de la Biblia por encima de otras autoridades permitió a la Europa de la Reforma emanciparse del escolasticismo medieval —que ya había dado todo lo que podía— y, sobre todo, contemplar la naturaleza como un objeto de dominio y conocimiento al que no se aplicaban las leyes de la teología sino las de una ciencia propia. Como ha señalado certeramente R. Hooykaas, «las ciencias modernas crecieron cuando las consecuencias de la concepción bíblica de la realidad fueron plenamente aceptadas. En los siglos XVI y XVII la ciencia fue extraída del callejón sin salida en que se había metido gracias a la filosofía de la Antigüedad y de la Edad Media. Se abrieron nuevos horizontes».[3] Las consecuencias de esa diferencia entre la Europa de la Reforma y la de la Contrarreforma a la que pertenecía España resultaron espectaculares. Los ejemplos, desde luego, fueron innumerables.[4]

Las consecuencias que esta situación tuvo para España y sus colonias fueron ciertamente pavorosas y llegan hasta el día de hoy. En el siglo XVI, como siempre ha sucedido a lo largo de la historia de las guerras, los adelantos técnicos —lo mismo sea la espada de hierro contra la de bronce o la legión romana frente a la falange macedónica— eran esenciales para la victoria. Sin embargo Felipe II, el monarca que ya había hundido varias ocasiones la economía nacional, decidió, por añadidura, prohibir que los estudiantes españoles se matricularan en universidades extranjeras. España lo pagó muy caro en el campo de batalla. Cuando la Armada destinada a invadir Inglaterra para reimplantar el catolicismo se enfrentó con las naves inglesas, los españoles continuaban técnicamente en Lepanto. De esa manera, los ingleses, a pesar de su inferioridad numérica y de su menor relevancia económica no habían dejado de avanzar técnicamente. El resultado es sabido por todos. Sin duda, los marinos y los soldados españoles eran extraordinarios y derrocharon valor y sangre, pero combatían no sólo con los ejércitos enemigos sino con el fanatismo feroz de sus propios gobernantes, un fanatismo directamente derivado de la Iglesia católica. Semejante situación no se percibiría tanto en el Nuevo Mundo. Durante un tiempo, España no tendría rivales en su afán de dominio; los indígenas estaban en una situación de notable inferioridad técnica y, a fin de cuentas, lo único considerado necesario era aquello que permitía explotar a la población nativa.

Primacía de la ley

El año 1538 estuvo marcado por no pocos acontecimientos relacionados con el Imperio español. En abril, en la batalla de las Salinas, los Pizarro derrotaron a Diego de Almagro; en agosto y septiembre se fundaron, respectivamente, Santafé de Bogotá y La Plata, hoy Sucre. En Europa, Carlos I de España y V de Alemania suscribió la paz de Niza con Francisco I. El artífice era un papa, Paulo III, que sería un auténtico paradigma de la Contrarreforma en sus peores manifestaciones como, por ejemplo, el establecimiento del Santo Oficio (1542), inicio de la Inquisición romana, o en impulsar la elaboración del primer índice de libros prohibidos. Ese mismo año de 1538, el teólogo reformado Juan Calvino y algunos de sus amigos fueron expulsados de la ciudad de Ginebra por las autoridades. El momento fue aprovechado por el cardenal Sadoleto —un clérigo especialmente respaldado por el papa Paulo III— para enviar una carta a los poderes públicos de la ciudad instándoles a rechazar la Reforma y regresar a la obediencia a la Iglesia católica. La carta de Sadoleto estaba muy bien escrita, pero lo cierto es que no debió de convencer a los ginebrinos ya que estos solicitaron en 1539 a Calvino (que seguía desterrado) que le diera contestación epistolar al cardenal. Calvino redactó su respuesta al cardenal Sadoleto en seis días y el texto se convirtió en un clásico de la historia de la teología. Escapa a los límites de este libro el adentrarse en el opúsculo, pero sí es obligado mencionarlo porque en él se pueden contemplar dos visiones de la ley que diferenciaron —¡como tantas otras cuestiones!— a las naciones en las que triunfó la Reforma de aquellas en que esto no sucedió, como fue el caso de España y de su Imperio.

El dilema que se planteaba era si el criterio que marcara la conducta debía estar definido por el sometimiento a la ley o, por el contrario, a la institución que establecía sin control superior una ley a la que había que someterse. Sadoleto defendía el segundo criterio mientras que Calvino sustentaba el primero. Para Calvino, era obvio que la ley —en este caso, la Biblia— tenía primacía y, por lo tanto, si una persona o institución se apartaba de ella carecía de legitimidad. El cardenal Sadoleto, por el contrario, defendía que la institución decidía cómo se aplicaba esa ley y que apartarse de la obediencia a la institución era extraordinariamente grave. La Reforma optó por la primera visión mientras que en las naciones, como España, donde se afianzó la Contrarreforma se mantuvo un principio diferente: el que establecía no sólo que todos no eran iguales ante la ley sino que, por añadidura, había sectores sociales no sometidos a la ley. Se creaba así —más bien se fortalecía— una cultura de la excepción legal justificada.

Se aceptó sin discusión que sectores importantes de la población —fundamentalmente la Iglesia católica y la monarquía— no estuvieran sometidos al imperio de la ley. La situación siguió siendo la misma al otro lado del Atlántico donde se estaba construyendo una España nueva. En ella, no sólo la monarquía y la Iglesia católica se vieron excluidas de someterse a la primacía de la ley sino también otras instituciones y personas. A fin de cuentas, formaba parte de una visión que ya encarnaba el cardenal Sadoleto y que, por supuesto, no tardó en hallar supuestas justificaciones o legitimaciones. Antes de terminar el presente apartado, resulta obligado señalar en qué concluyó el episodio del cardenal Sadoleto. Las autoridades ginebrinas eran inteligentes y deseaban lo mejor para sus administrados. Rechazaron la propuesta del cardenal Sadoleto y Calvino fue llamado nuevamente a Ginebra. Semejante decisión fue fecunda en buenas consecuencias, exactamente aquellas de las que se vieron privados los habitantes del Imperio español.

Pecados veniales

Si la ausencia del principio de supremacía real de la ley estaba llamada a marcar a sangre y fuego la historia de España y de su Imperio, incluida Centroamérica, no resultaría menos trágico el impacto de otros elementos derivados directamente de la visión propia de la Contrarreforma. Semejante circunstancia provocaría, por ejemplo, que España —y con ella su Imperio— aceptara, siguiendo el único discurso tolerado, la venialidad de ciertas conductas especialmente dañinas para la construcción de una sociedad de ciudadanos; entre ellas, se podrían citar la benevolencia con que acogió la mentira y la falta de respeto por la propiedad privada.

El concepto de pecado venial es teológicamente muy discutido y discutible —no aparece, por ejemplo, en la Biblia— pero forma parte esencial de la teología católica. Baste decir que uno de los pecados mencionados expresamente en el Decálogo (Éxodo 20:1-17) junto al culto a las imágenes, el homicidio, el adulterio o el robo es precisamente la mentira. Los frutos de esa circunstancia innegable no dejan de ser curiosos. Reflexiónese, por ejemplo, en el hecho de que España es la única nación que cuenta con una novela picaresca. No me refiero al Lazarillo, que no es una novela picaresca sino erasmista —no podía ser menos teniendo en cuenta lo harto que estaba su autor Alfonso de Valdés de soportar al amancebado confesor de Carlos V—, sino a todo un género que reunió talentos como los de Mateo Alemán, Quevedo o Vicente Espinel, entre otros muchos, para dejar de manifiesto de manera indubitable que en la España que desangraba los caudales americanos, convertida en espada de la Contrarreforma, la superstición, la corrupción y la incompetencia institucional eran soportadas al fundamentarlas en la comisión de un pecado considerado venial, como la mentira. Por supuesto, la mentira se ha dado y da en otras culturas, pero no la novela picaresca —el *Simplicus Simplicissimus* o *Moll Flanders* no pasan de ser posibles y matizadísimas excepciones a la regla general— por la sencilla razón de que si bien esas otras culturas también consagraron el pecado venial de mentir como una forma de existencia, no es menos cierto que quizá ninguna nación fue tan trágicamente consciente como España de las mentiras que sufría.

Algo lamentablemente parecido sucede con la actitud hacia la propiedad privada, derivada de considerar el hurto como un pecado venial. Históricamente, la Contrarreforma no contempló la propiedad privada como un derecho inviolable frente a los poderosos, derecho que es tanto más esencial cuanto más ayuda a proteger la libertad individual. Esa es una idea neta y rotundamente protestante, surgida de las páginas de la Biblia, pero no ha arraigado jamás en las naciones donde no triunfó la Reforma. A decir verdad, sólo la propiedad regia, ocasionalmente la nobiliaria, y, por supuesto, la perteneciente a la Iglesia católica se han considerado sagradas e inviolables. De hecho, cuando en alguna situación de verdadera necesidad se ha llegado a la conclusión de que cualquiera de esas dos propiedades no era inviolable los españoles lo han pagado muy caro.

En la América hispana, el desprecio hacia la veracidad y hacia el respeto a la propiedad privada se vieron incluso más acentuados por la propia dinámica de la Conquista. No fueron escasas las veces en que el conquistador mintió y engañó precisamente para poder expoliar y despojar. A decir verdad, ambos pecados supuestamente veniales se habían convertido en tácticas indispensables de conquista y seguirían siéndolo durante los siglos venideros; tendrían un papel extraordinario para sentar las bases de una corrupción que no sólo no sería objeto de lucha sino que adquiriría carácter institucional. De manera bien reveladora esa corrupción no sólo no sería atajada por la monarquía —como pretendió el monarca ilustrado Carlos III con la visión que despreciaba el trabajo— sino que habría de ser impulsada por ella. Los Borbones decidieron que la venta de cargos públicos podía ser una legítima fuente de ingresos y las Indias se convirtieron en un extraordinario mercado de oficios. Los casos llegaron a ser escandalosos; por ejemplo, el de un muchacho de 15 años que podía conseguir una plaza de oidor en la audiencia de Chile; su hermano logró de manera similar la presidencia de la au-

diencia de Guadalajara y ninguno de los dos hermanos había realizado estudios jurídicos.[5] Ambos casos —dos entre muchos— apa-
rentemente se justificaban en una curiosa doctrina de la necesidad
de la Corona que incluso insistía en que esta no vendía sino que
aceptaba un donativo a cambio del cual otorgaba el puesto a alguien
que se ofrecía a desempeñarlo. Hasta qué punto esta corrupción era
generalizada puede deducirse de que tan sólo entre 1704 y 1711 se
proveyeron así 1 277 cargos significando algo más de 7% de los ingresos de la monarquía española. Las cifras proporcionan materia
para reflexión y no faltan los especialistas que consideran que debieron ser, en realidad, superiores.[6] Se mire como se mire, el dato
obliga a reflexionar. Un porcentaje nada desdeñable de los ingresos
de la monarquía hispana procedía de vender cargos públicos a gente
que sólo cumplía con un requisito, el de entregar la suma deseada.
La falsedad difundida desde el poder para que otros se enriquecieran
ilícitamente —los salarios de los cargos se consideraban como una
especie de devolución de la donación— podía no tener especial relevancia en una España ahormada sobre la idea de los pecados veniales de la Contrarreforma, pero la gravedad de sus consecuencias
se extiende hasta el día de hoy. No menor relevancia tendría el factor
al que nos referiremos en el próximo apartado.

Separación de poderes

No fue ciertamente una circunstancia afortunada que España —y
con ella sus colonias— se viera privada de la ética del trabajo del
norte de Europa, de su impulso educativo, de la revolución científica, de la nueva cultura crediticia, de la aceptación del imperio de la
ley e incluso de un notable horror frente a conductas reprobables
como la mentira o la violación de la propiedad ajena. Lamentablemente, no se detuvo ahí el oneroso tributo pagado por España a la
Contrarreforma. De hecho influyó, de manera muy especial, en un
instrumento tan esencial para la defensa de las libertades como la
separación de poderes.

Las naciones donde triunfó la Reforma supieron siempre que el
poder absoluto corrompe absolutamente. A decir verdad, el papado
era para ellos un paradigma de esa realidad. Un obispo de Roma que

no contaba con frenos a su poder había terminado abandonando desde hacía siglos la humildad del pesebre de Belén o de la cruz del Calvario por la basílica de San Pedro en Roma, sin duda extraordinaria desde un punto de vista artístico, pero levantada con fondos de procedencia moralmente discutible. No se trataba de un episodio aislado sino de la continuación de lo que consideraban un proceso de degeneración. ¿Acaso los papas no habían trasladado la corte de Roma a Aviñón por razones meramente políticas (1309-1376)? ¿Acaso durante el siglo xiv no había padecido la Iglesia católica un cisma que se tradujo en la existencia de dos papas —llegó a haber hasta cuatro— que se excomulgaban recíprocamente (1378-1417)? ¿Acaso los papas guerreros del Renacimiento —magníficos mecenas e incluso dotados políticos por otra parte— no habían destacado precisamente por, en general, no ocuparse de la piedad como su primera tarea (1417-1534)? Pues si eso sucedía con gente que, por definición, tenía que ser ejemplar, ¿qué se podía esperar del poder político?

Para la teología reformada, en seguimiento de lo enseñado explícitamente por la Biblia, el ser humano tiene una naturaleza corrompida por el pecado y, por lo tanto, lo mejor —lo único— a lo que puede aspirarse en términos políticos es a un poder que no sea absoluto y al que, para que cumpla bien sus funciones, hay que limitar y vigilar. En apenas unas décadas, esa visión —ciertamente novedosa y, desde luego, radicalmente opuesta a la de la Europa de la Contrarreforma— fue articulando una serie de frenos ante el absolutismo en las naciones donde había triunfado la Reforma. En Holanda se optó directamente por una república con libertad de culto donde, por ejemplo, se otorgó asilo a los judíos que habían sido expulsados de España en 1492, siendo la familia de Spinoza un ejemplo de entre tantos judíos que encontraron allí un lugar donde prosperar libremente. En las naciones escandinavas se asistió al nacimiento de un parlamentarismo creciente. En Inglaterra, en la primera mitad del siglo xvii, un ejército del Parlamento, formado fundamentalmente por puritanos, se alzó contra Carlos I. Su intención no era una revolución que implantara la utopía sino que consagrara el respeto a derechos como el de libertad de culto, de expresión o de representación y de propiedad privada. Así, en 1642, el mismo año en que los heroicos tercios españoles iban camino de su última e inútil sangría para mayor gloria de los Austrias y de la Iglesia católica, los soldados del parlamento inglés contaban con una *Biblia del soldado* que se había impreso por orden de Cromwell. El libro —una antología de textos bíblicos— comenzaba señalando la ilicitud de los saqueos y continuaba manifestando, bíblicamente, la justicia de la causa de la libertad.

El mundo protestante —cuyo acceso a territorio católico había sido vedado aun a costa de que Felipe II impidiera que los estudiantes españoles cursaran estudios en el extranjero— bulló con notable rapidez en aportaciones numerosas a la causa de la libertad política. Para algunos, semejante conducta era la consecuencia directa de comprender que sin libertad civil y política nunca podría haber libertad religiosa.[7] Sin duda, esa circunstancia pesó en la empresa, pero no lo hizo menos la convicción, radicalmente teológica, de que el ser humano tiende al mal y de que semejante tendencia tenía que verse contrarrestada. Así, mientras en la América hispana se articulaba una legitimación, religiosa incluso, del expolio de los pueblos que habitaban los territorios recién descubiertos, de tal manera que lo que eran actos tiránicos —como los vio Bartolomé de las Casas— se transformaron en ejemplares, en la Europa de la Reforma se iba configurando un derecho contra los tiranos. No podemos desviarnos mucho de nuestro objetivo, pero no cabe pasar por alto una diferencia que pesaría enormemente en la historia de Centroamérica y de la que, al menos, debemos indicar varios botones de muestra.

Desde luego, no deja de ser significativo que Teodoro de Beza, el sucesor de Calvino en la pastoral ginebrina, ya había escrito *El derecho de los magistrados*, una obra en la que justificaba la resistencia armada contra los tiranos. Y en 1579 se había publicado el *Vindiciae Contra Tyrannos (Claims Against Tyrants)* en el que se formulaba la idea del contrato social esencial para el desarrollo del liberalismo posterior afirmándose que «existe siempre y en todo lugar una obligación mutua y recíproca entre el pueblo y el príncipe [...] Si el príncipe falla en su promesa, el pueblo está exento de obediencia, el contrato queda anulado y los derechos de obligación carecen de fuerza».

Beza o el autor de *Vindiciae* no fueron casos aislados. John Knox, un discípulo de Calvino que fue esencial en la Reforma escocesa, sostuvo los mismos principios que fueron objeto de otros aportes jurídico-teológicos esenciales. Alrededor de 1550 John Ponet, un obispo de la Iglesia anglicana, escribió *A Shorte Treatise of Politike Power* en el que justificaba, apelando a la Biblia, la resistencia contra los tiranos. Ponet fue, desde muchos puntos de vista, un antecesor del fundador del liberalismo, el también protestante y teólogo John Locke. Naturalmente, se puede indicar que también los jesuitas creían en el tiranicidio, pero lo cierto es que la diferencia entre ambas posiciones era radical en sus planteamientos. El derecho de rebelión se legitimaba en los reformadores sobre la base de la defensa de las libertades y no —como pretendían los jesuitas— en el ansia de acabar con un monarca que fuera, por ejemplo, hereje. Los protestantes podían vivir bajo un señor que tuviera otra religión y servirlo con lealtad, pero no veían legitimidad alguna en quien suprimía los derechos de sus súbditos y los oprimía. Por el contrario, para los católicos la diferencia de religión resultaba intolerable y así no dudaron en conspirar contra aquellos monarcas de los que eran súbditos, pero quienes no estaban sometidos al papado, como fue el caso de Isabel I de Inglaterra.

No puede, pues, sorprender —en realidad, era totalmente lógico— que el liberalismo político lo pergeñara John Locke, el hijo de un puritano que había combatido contra Carlos I de Inglaterra. En la parte final de su vida, Locke —que se vio muy influido por la Confesión de Westminster y otros documentos puritanos— estaba convencido de que sus escritos más importantes eran sus comentarios al Nuevo Testamento, pero la posteridad no lo ha visto así, como, por otro lado, tampoco lo ha hecho con Newton. Cuando Lord Shaftesbury recibió la orden de escribir una constitución para la Carolina, pidió la asistencia de Locke. En el texto que escribió a instancias de Lord Shaftesbury, insistió en la libertad de conciencia y en la extensión de esta no sólo a cristianos de cualquier confesión sino también a judíos, indios, «paganos y otros disidentes». Se trataba de un punto de vista que era derivación natural de la Reforma, pero que necesitó llegar a la segunda mitad del siglo xx para que pudiera ser aceptado por la Iglesia católica.

Locke era un protestante muy convencido —quizás algunos lo calificarían hoy de fundamentalista— y precisamente por eso creía que sólo las religiones que son falsas necesitan apoyarse en la «fuerza y ayuda de los hombres». Por supuesto, como buen protestante, también era consciente de que la naturaleza humana presenta una innegable tendencia hacia el mal y por ello los poderes debían estar separados para evitar la tiranía. Como tendremos ocasión de ver en la segunda parte de esta obra, la Iglesia católica se convertiría tanto en España como en sus colonias, incluso después de la emancipación, en una enemiga resuelta de las libertades públicas, más allá de su encarnizada aversión en contra de la libertad de conciencia. De esa manera, mientras en la zona de Occidente influida por la Reforma se iban sentando las bases de la separación de poderes, del control de los gobernantes por los gobernados y de un pacto social que incluía el derecho de sublevación contra la tiranía; en la ahormada por la Contrarreforma se procedió a la legitimación del poder absoluto, a la supresión radical de derechos elementales y a la equiparación de la rebelión civil con la sublevación contra Dios.

En vísperas del proceso de emancipación, la sociedad centroamericana estaba constreñida por un armazón ideológico, psicológico e incluso espiritual que otorgaba un poder absoluto y legitimado por la Iglesia católica a élites que desdeñaban el trabajo y las finanzas, que consideraban que la mentira y el hurto eran simples pecadillos, que acaparaban la educación privando de ella a las masas populares y que, por supuesto, desdeñaban principios jurídicos como la supremacía de la ley o la separación de poderes. Dicho de manera descarnada, las élites centroamericanas se formaban para que no hubiera control alguno sobre sus acciones, para aprovecharse de modelos económicos fundamentalmente extractivos, para recibir una legitimación de carácter religioso y para considerar a la mayor parte de la población, ineducada y no pocas veces servil, como objetos legítimos de expolio. Ese esquema, más fruto de una cosmovisión que de una ideología concreta, estaba llamado a perdurar en Centroamérica —y es lógico que así fuera— incluso luego de haberse separado de la monarquía hispana.

Notas

[1] Entrevista a Antonio Tovar en P. Rodríguez, *A tumba abierta*, Madrid, 1971, p. 83.

[2] Citado en C. Vidal, *La herencia del cristianismo. Dos milenios de legado*, Tyler, JUCUM, 2014, p. 172.

³ Citado en *ibid.*, p. 173.

⁴ Una enumeración de ejemplos en *ibid.*, pp. 173-175.

⁵ F. Andújar Castillo, *Necesidad y venalidad. España e Indias, 1704-1711*, Madrid, 2008, pp. 304-305.

⁶ T. A. Mantecón, *España en tiempos de Ilustración. Los desafíos del siglo XVIII*, Madrid, 2013, p. 43.

⁷ En ese sentido, véase M. Artola, *Los afrancesados*, Madrid, 2008, p. 28.

PARTE II
INDEPENDENCIA Y CONSTRUCCIÓN NACIONAL

CAPÍTULO IV

El frustrado sueño liberal

Dos distintos puntos de partida

Que a finales del siglo XVIII las élites criollas de todas las colonias en el continente americano contaban con elementos que ansiaban la emancipación de la metrópoli parece difícil de discutir. Es cierto que los matices son obligados en función de los territorios de la monarquía hispana, pero las coincidencias resultaron mayores que las distancias. Lo mismo podría decirse del proceso de emancipación experimentado en otros lugares del continente. A fin de cuentas, resulta un ejercicio de análisis histórico indispensable el contrastar el proceso de independencia de los Estados Unidos y el del centro y el sur del continente. El trasfondo sociológico fue claramente diferente y los cimientos que se colocaron para construir las nuevas naciones no podían ser más distanciados a pesar de proceder de orígenes situados dentro del contexto de la cultura europea. En el caso de los Estados Unidos —que declararon su independencia más de un cuarto de siglo antes que las repúblicas situadas al sur— la base fue claramente protestante —y muy específicamente puritana— y blanca. Al respecto, los datos resultan reveladores.

Ya durante el siglo XVII los puritanos ingleses, sometidos a presiones del poder político y religioso, habían optado fundamentalmente por dos vías de salida. Algunos decidieron emigrar a Holanda —donde los reformados habían establecido un peculiar sistema de libertades que proporcionaba refugio a judíos y seguidores de diversas confesiones— mientras que otros se dirigieron a las colonias inglesas de América del Norte. De hecho, los famosos y citados padres peregrinos del *Mayflower* no eran sino gente que pertenecía a este segundo grupo de puritanos. Por el contrario, los que permanecieron en su país natal formaron el núcleo esencial del partido parlamentario —en ocasiones, hasta republicano— que fue a la guerra contra Carlos I, lo derrotó y, luego de diversos avatares, resultó esencial para la consolidación de un sistema representativo en Inglaterra.

La llegada de los puritanos a lo que después serían los Estados Unidos tuvo consecuencias de enorme trascendencia. Baste decir que puritanos fueron, entre otros, John Endicott, primer gobernador de Massachusetts; John Winthrop, segundo gobernador de la citada colonia; Thomas Hooker, fundador de Connecticut; John Davenport, fundador de New Haven; y Roger Williams, fundador de Rhode Island. Incluso un cuáquero como William Penn, fundador de Pensilvania y de la ciudad de Filadelfia, tuvo influencia puritana, ya que se había educado con maestros de esta corriente teológica. Desde luego, la influencia educativa fue esencial, ya que no en vano Harvard —como posteriormente Yale y Princeton— fue fundada en 1636 por los puritanos.[1] El contraste con el centro y el sur del continente es muy acentuado, porque mientras al norte la cultura, si bien podía estar impregnada de una cosmovisión espiritual, era fundamentalmente civil y dotada de un espíritu crítico hacia el poder; en tanto que la América hispana existía una notable reticencia legal a la difusión de la cultura, la cual estaba depositada en las manos de una confesión religiosa —la Iglesia católica— que lo mismo reprimía a los disidentes a través de la Inquisición que legitimaba todo el sistema de poder político, económico y social. Llegado el momento de la emancipación, en el norte se levantaría el famoso «muro de separación» entre la Iglesia y el Estado mientras que al sur la Iglesia católica se ocuparía de impedir el reconocimiento de derechos y libertades y combatiría de modo encarnizado para no perder sus privilegios.

No se trataba —y esto debe ser enfatizado de manera inexcusable— de que existiera o no una cosmovisión teñida espiritualmente. De lo que se trataba es de cuál era esa cosmovisión concreta. Por ejemplo, cuando estalló la revolución americana a finales del siglo XVIII —el equivalente al posterior proceso de emancipación en Hispanoamérica— el peso de los puritanos en las colonias inglesas de América del Norte era enorme. Casi se podría decir que incluso resultó esencial. De los casi tres millones de americanos que vivían a la sazón en aquel territorio, 900 000 eran puritanos de origen escocés, 600 000 eran puritanos ingleses y otros 500 000 pertenecían a grupos calvinistas de extracción holandesa, alemana o francesa. Por si fuera poco, los anglicanos que vivían en las colonias también eran en buena parte de simpatía reformada o calvinista, ya que se regían por los *Treinta y nueve artículos*, un documento doctrinal con esta orientación. De esa manera, al menos dos terceras partes de los habitantes de lo que serían los Estados Unidos eran reformados o calvinistas y el otro tercio en su mayoría se identificaba con grupos de disidentes protestantes como los cuáqueros o los bautistas. La presencia, por el contrario, de judíos y católicos era casi testimonial y los metodistas aún no habían hecho acto de presencia con la fuerza que disfrutarían después.

El panorama confesional resultaba tan obvio que en Inglaterra se denominó a la guerra de independencia de los Estados Unidos «la rebelión presbiteriana» y el propio rey Jorge III afirmó: «atribuyo toda la culpa de estos extraordinarios acontecimientos a los presbiterianos». Por lo que se refiere al primer ministro inglés Horace Walpole, resumió los sucesos ante el Parlamento afirmando que «la prima América se ha ido con un pretendiente presbiteriano». No se equivocaban; por citar un ejemplo significativo, cuando el británico Cornwallis fue obligado a retirarse para, posteriormente, capitular en Yorktown, todos los coroneles del ejército americano salvo uno eran presbíteros de iglesias presbiterianas, es decir, de orientación teológica reformada o calvinista. Por lo que se refiere a los soldados y oficiales de la totalidad del ejército, algo más de la mitad también pertenecían a esta corriente religiosa.

De manera comprensible, el influjo de los puritanos resultó especialmente decisivo en la redacción de la Constitución. Los denominados principios del calvinismo político resultaron esenciales a la hora de darle forma, pero a ellos se unió otro absolutamente esencial que, por sí solo, sirve para explicar el desarrollo tan diferente seguido por la democracia en el mundo anglosajón y en el resto de Occidente. La Biblia —y al respecto las confesiones surgidas de la Reforma fueron muy insistentes— enseña que el género humano es una especie profundamente afectada como consecuencia de la caída de Adán. Por supuesto, los seres humanos pueden llevar a cabo buenos actos y realizar acciones que muestran que, aunque empañadas, llevan en sí la imagen y semejanza de Dios. Sin embargo, la tendencia al mal es innegable y hay que guardarse de ella cuidadosamente. Por ello, el poder político debe dividirse para evitar que se concentre en unas manos —lo que siempre derivará en corrupción y tiranía— y debe ser controlado. Esta visión pesimista —¿o simplemente realista?— de la naturaleza humana ya había llevado en el siglo xvi a los puritanos a concebir una forma de gobierno en su Iglesia que, a diferencia del episcopalismo católico o anglicano, dividía el poder en varias instancias que se frenaban y contrapesaban entre sí, evitando la corrupción.

Esa misma línea fue la seguida a finales del siglo xviii para redactar la Constitución americana. De hecho, el primer texto independentista norteamericano no fue, como generalmente se piensa, la Declaración de Independencia redactada por Thomas Jefferson, sino la fuente de la que el futuro presidente norteamericano la copió. Esta no fue otra que la Declaración de Mecklenburg, un texto suscrito por presbiterianos de origen escocés e irlandés en Carolina del Norte el 20 de mayo de 1775. La Declaración de Mecklenburg contenía todos los puntos que un año después desarrollaría Jefferson, desde la soberanía nacional a la lucha contra la tiranía pasando por el carácter electivo del poder político y la división de poderes. Por añadidura, fue aprobada por una asamblea de 27 diputados —todos ellos puritanos— de los que un tercio eran incluso presbíteros de la Iglesia presbiteriana, incluyendo a su presidente y secretario. La deuda de Jefferson con la Declaración de Mecklenburg ya fue señalada por su biógrafo Tucker, pero además cuenta con una clara base textual, y es que el texto inicial de Jefferson —que ha llegado hasta nosotros— presenta notables enmiendas y estas se corresponden puntualmente con la Declaración de los presbiterianos.

El caso de Centroamérica —a decir verdad, de toda la América hispana— partió de un trasfondo muy diferente, de carácter hispano-católico e indígena. El primero daría forma a una prolongación, bajo distintas variantes, del modelo aristocrático-clerical hispano y el segundo significaría la continuación de una sociedad no integradamente plurirracial sino acentuadamente racista. Esas circunstancias ni siquiera se vieron alteradas por el hecho de que el proceso de independencia viniera impulsado desde el exterior.

Al respecto, no deja de ser significativo que la emancipación comenzara cuando en 1821 el mexicano Agustín de Iturbide pretendió extender el Plan de Iguala al centro del continente. Los términos eran inequívocos. Por supuesto, propugnaban la independencia de España, pero aquella debía estar vinculada a la religión católica como única y oficial y unida a una forma de Estado monárquica. Semejante actitud de los independentistas mexicanos no era aislada. A decir verdad, habría que señalar que resultaba casi inevitable. Prueba de ello es que, apenas unos años antes, el liberal español Blanco White[2] —quien tuvo la prudencia de exiliarse a Inglaterra— había reprochado a los constituyentes liberales de Cádiz que hubieran aceptado incluir en la constitución española de 1812 que la Iglesia católica fuera la única que existiera en España. Para Blanco White resultaba obvio que si se cedía a cualquier entidad el primer derecho, el de libertad de conciencia, todos los demás serían papel mojado. Al fin y a la postre, anunciaba Blanco White, cuando el rey Fernando VII regresara de su exilio en Francia se aliaría con la Iglesia católica y el sueño liberal concluiría en una pesadilla absolutista. El vaticinio de Blanco White se reveló trágicamente exacto y el triste devenir tuvo —¿podía ser de otra manera?— paralelos al otro lado del Atlántico en la América hispana. De hecho, el 21 de septiembre del citado año, en México parecía haber quedado conformado el molde de una revolución que, aunque no ayuna de elementos populares, se había visto realizada desde arriba y cuyo modelo sería seguido por Centroamérica.

Eso en lo que se refiere al modelo político porque el social también recordaba la herencia hispano-católica. La aristocracia, a fin de cuentas, seguía siendo la misma. De hecho, desde 1818 en Guatemala ya había comenzado a operarse la sustitución de los comerciantes españoles de Cádiz por los ingleses de Belice. Personajes como los pertenecientes a la familia criolla de los Aycinena cambiaron, en pleno sentido lampedusiano, todo para que todo siguiera igual. Como herencia española innegable, de manera inmediata estallaron los conflictos entre ciudades y regiones. Cartago contra San José, Tegucigalpa enfrentada a Comayagua, Guatemala rivalizando con Quezaltenango, Granada frente a León constituyen algunas de estas disensiones directamente relacionadas con un poder colonial desaparecido y un nuevo orden aún en ciernes.

Ciertamente, no faltaron pensadores como el hondureño José Cecilio del Valle que exudaba esperanza en que, un día, América sobrepasaría a Europa convirtiéndose en la tierra «más iluminada por el sol».[3] El deseo era plausible y la meta, admirable, pero las posibilidades de que así se dibujara el futuro eran —lo sabemos hoy— nulas. Para ser ecuánimes, quizá no cabía otra posibilidad. España misma no había vivido propiamente la Ilustración, de igual manera que tampoco había contado con la Reforma del siglo XVI. ¿Por qué faltando aquella en Hispanoamérica iba a arraigar fecundamente esta?

Fracaso de una Centroamérica unida

El proceso de emancipación centroamericano fue consecuencia de la onda expansiva provocada por la explosión mexicana, pero la unión de Centroamérica con México resultó efímera. A la vez que Quezaltenango, Tegucigalpa y Costa Rica se enfrentaban con una Guatemala a la que envidiaban, los salvadoreños dieron muestra de aspirar al establecimiento de una República. En 1822, basándose en el acuerdo de anexión suscrito en enero de ese año, el mexicano Iturbide envió a Centroamérica una fuerza de 600 hombres a las órdenes de un napolitano llamado Vicente Filísola. Su intención era asegurar el orden. La medida no estaba exenta de lógica, pero no fueron pocos los centroamericanos —comenzando por los salvadoreños— que vieron a los mexicanos como meros invasores. En diciembre de 1822, El Salvador anunció su deseo de unirse a los Estados Unidos, pero en febrero de 1823, los mexicanos vencieron a las fuerzas salvadoreñas en el campo de batalla. Con todo, la unión con México no pudo mantenerse. En esas mismas fechas, Iturbide —que medio año antes se había proclamado emperador— fue derrocado por una rebelión militar y en México estallaba la guerra civil.

En medio de aquel contexto volátil, el napolitano Filísola era consciente de que su posición resultaba insostenible y optó por convocar un congreso que decidiera el futuro de Centroamérica. Si, inicialmente, había sido de esperar que el congreso se decidiera a favor de la unión con México, el 1 de julio de 1823, reunido en

Ciudad de Guatemala, proclamó la independencia de Centroamérica y se declaró Asamblea general constituyente. Los delegados de Costa Rica, Nicaragua y Honduras —que llegaron con retraso al congreso— ratificaron el 2 de octubre de 1823. Así nacieron las Provincias unidas del Centro de América como una nación soberana, libre e independiente «de la antigua España, de México, y de cualquier otra potencia, así del antiguo como del nuevo mundo».

El 22 de noviembre de 1824 la nueva nación contaba con un texto constitucional. Bajo el lema de «Dios, Unión y Libertad», la nueva República —que contaba con un millón de habitantes, la mitad de ellos en Guatemala— se denominó Federación de Centroamérica. Comprendía los estados de Guatemala, El Salvador, Honduras, Nicaragua y Costa Rica. El primer Congreso federal, establecido en abril de 1825, tenía 18 diputados por Guatemala, nueve por El Salvador, seis por Honduras, seis por Nicaragua y dos por Costa Rica.

Las intenciones del legislativo eran políticamente positivas. Así, decretó el final de la esclavitud —una decisión sin apenas repercusión en la economía— y se anunció el libre comercio, una medida de la que se iban a beneficiar especialmente los comerciantes ingleses. Sin embargo, la auténtica realidad era imposible de negar y no resultaba tan positiva como le habría gustado a Del Valle. Los indígenas de las comunidades y los mestizos pobres afincados cerca de las haciendas y de las ciudades no recibieron beneficio alguno de la emancipación mientras, en paralelo, el proceso constituyente embarrancaba en un mar de rivalidades locales. Cuando en 1838 estuvo concluida la constitución, la federación ya había muerto. Las causas de ese fracaso, ciertamente, no resultan difíciles de ver.

Como en el caso de España, donde los liberales fueron perseguidos sañudamente por Fernando VII al regresar de Francia en 1814, la clave estuvo en no escasa medida en la alianza entre la Iglesia católica y los elementos más reaccionarios de la sociedad. Al ser la única religión legal, no sólo apuntaló el control ideológico sobre la nación sino que sirvió para canalizar ——como en otros lugares del mundo a lo largo de la historia— las rivalidades locales y las fuerzas centrífugas contrarias a una verdadera unión. De manera bien significativa, España se vería sometida desde 1833 a una serie de guerras civiles en las que el carlismo defendió la suma de la ideología absolutista, del catolicismo más firme y de la defensa de los localismos. Que semejantes desarrollos tuvieran, con las excepciones y matices que se deseen, sus paralelos en Centroamérica no puede sorprender. A decir verdad, la misma creación de sedes episcopales contribuyó no poco a la fragmentación de Centroamérica. En 1822 El Salvador contaba con su propio obispado, lo mismo sucedería con Costa Rica.

En 1825 el primer congreso abrió sus sesiones y eligió como presidente a Manuel José Arce, un liberal salvadoreño. Sin embargo, las intenciones de los liberales pronto chocaron con los intereses eclesiales y conservadores. Al igual que en España, ese antagonismo social derivó hacia un enfrentamiento fratricida. Y es que lo que siguió fue una guerra civil que se prolongó hasta 1829, cuando el ejército liberal a las órdenes del hondureño Francisco Morazán logró imponerse. Lo que vino tras la victoria de las huestes liberales fue la expulsión del arzobispo de Guatemala —uno de los pilares de la reacción política— la expropiación de los bienes de las órdenes religiosas y la persecución de los conservadores más recalcitrantes. Hubiérase dicho que no era sino la repetición de la conducta seguida por los liberales españoles desde 1820 a 1823, cuando una intervención extranjera, apoyada por la alianza entre el trono y el altar, los desalojó del poder. En 1830 Morazán fue elegido presidente, pero sin un tesoro nacional digno de tal nombre sus posibilidades de gobierno se revelaron más que limitadas. Las reformas constitucionales aprobadas en 1835 no llegaron a aplicarse y cuando, tres años después, el congreso otorgó al gobierno federal el control de los ingresos aduaneros, Nicaragua, Costa Rica y Honduras decidieron separarse de la Unión.

La evolución por separado de los diferentes estados centroamericanos fue muy similar. Por ejemplo, el jefe de Estado de Guatemala, Mariano Gálvez, intentó llevar a cabo reformas liberales que incluían la libertad religiosa, la educación universal, la administración de justicia y la libertad de comercio. Poco puede dudarse de que todas ellas eran indispensables, pero fracasaron ante la oposición encarnizada de la Iglesia católica —que no podía tolerar otro culto distinto del suyo propio— y de unas comunidades indígenas que sospechaban de cualquier intento de modernización por modesto que fuera y que incluso en 1835 se alzaron en armas.

Al igual que en España, donde a inicios de esa misma década el carlismo de corte clerical y rural se había alzado en armas contra las tímidas reformas liberales mucho más modestas que en Centroamérica, al otro lado del Atlántico la Iglesia católica insistió en presentar cualquier reforma como una medida extranjerizante contraria a las tradiciones centroamericanas. De manera muy reveladora la institución del registro civil nunca terminó de ser controlada por el gobierno; las escuelas y los hospitales no llegaron a funcionar adecuadamente y la asunción del código redactado por Edward Livingston en 1826 para Luisiana fue acusada de capitulación ante el anticatolicismo, e instituciones como el juicio por jurado fracasaron estrepitosamente. Todo ello tenía lugar en una sociedad cuyo índice de alfabetización apenas llegaba a 10% de la población y cuyo control ideológico seguía en manos de la Iglesia católica. Como había sucedido en España, las reformas liberales significaban un impulso nada desdeñable de modernización, pero resultaba punto menos que imposible el que pudieran arraigar en un suelo cuyo humus ideológico era el católico y cuya mentalidad predominante no sólo era conservadora sino impermeable a cualquier cambio por considerarlo directamente una amenaza. En 1837[4] estalló una sublevación indígena generalizada bajo las órdenes de un caudillo analfabeto —se afirma que ni siquiera sabía firmar su nombre— llamado Rafael Carrera.[5]

En no escasa medida, el desplome de la Federación fue paralelo al colapso sufrido por Guatemala. En 1837 se declaró una epidemia de cólera morbo que golpeó con especial dureza a los altiplanos guatemaltecos, precisamente las zonas más pobladas de la nación. El gobierno intentó evitar la extensión del mal mediante medidas de prevención y de aislamiento. Sin embargo, el inmenso drama humano fue aprovechado por el clero católico para proclamar que lo que sucedía era sencillamente un castigo divino desencadenado por las reformas liberales. No se limitaron a la peculiar interpretación espiritual del drama sino que a ella unieron la calumnia difundiendo la especie de que los funcionarios del gobierno estaban envenenando las aguas. En medio de una población analfabeta e ignorante, los infundios lanzados por el clero tuvieron el mismo efecto que el fuego aplicado a un reguero de pólvora. La revuelta popular acaudillada por el antiguo porquerizo Rafael Carrera, sin embargo, no condujo a una mejora de la situación. Por el contrario, fue utilizada por la Iglesia católica y los conservadores como ariete contra las reformas liberales. Guatemala ciertamente se había emancipado del dominio colonial español. No sucedería lo mismo con los esquemas psicológicos y sociales heredados de la Conquista.

En 1839, mientras los diferentes estados se separaban de la Federación, el clero y los conservadores atizaban la hoguera en que se consumía el proyecto republicano y los ingleses se aprovecharon del caos en beneficio propio. Fue precisamente entonces cuando el congreso se disolvió sin que existiera un órgano legal que asumiera sus funciones. La Federación había muerto y no volvió a insuflarle vida el hecho de que, en 1842, Morazán regresara a Centroamérica con la intención de que continuara unificada. Capturado, el 15 de septiembre de ese mismo año fue pasado por las armas en Costa Rica. El sueño de una unión sustentada en los principios liberales —una unión de cuyas disensiones sólo se vio libre una aislada Costa Rica con no más de 50 000 habitantes— había fracasado.

Triunfo conservador

En 1840 parecía evidente que la Iglesia católica y los conservadores sujetaban con fuerza las riendas del poder en Centroamérica, prolongando así la existencia, apenas alterada, de las estructuras del poder colonial. En Guatemala, la Iglesia católica mantuvo su situación privilegiada gracias al apoyo que brindó a la dictadura de Carrera. Su gobierno se prolongó con especial dureza hasta su fallecimiento en 1865 y contó también con el respaldo de las masas indígenas y de las familias dedicadas al gran comercio. Nombrado por la asamblea «benemérito caudillo y general en jefe», Carrera logró incluso instalar a caudillos fieles —Francisco Ferrera y Francisco Malespín— al frente de Honduras y El Salvador y sólo sufrió un leve paréntesis en su poder absoluto entre 1848 y 1849. El papa incluso confirió la Orden de San Gregorio en 1854 al dictador convertido en presidente vitalicio de Guatemala y también en aniquilador de cualquier intento liberal por reconstruir la unidad pasada.

El Salvador también experimentó una permanencia semejante del sistema colonial mientras que Honduras sufría un proceso interno de decaimiento que se manifestaba lo mismo en la pérdida de importancia de Tegucigalpa como centro minero que en el hecho de que los ingleses controlaran una actividad económica relevante como el corte de la madera.

No puede sorprender que con un poder que no había superado las estructuras del Estado colonial y con un proceso incontenible de desintegración territorial aquejando a Centroamérica planeara el espectro de las injerencias extranjeras. Primero se trató de la intervención de Gran Bretaña, la gran enemiga durante siglos del Imperio español. Con el pretexto de cobrar la deuda de la Federación, asumida en 1825 por los distintos estados centroamericanos de manera proporcional, los ingleses procedieron a intervenir buscando, en realidad, consolidar su dominio en Belice y controlar la Mosquitia nicaragüense a la que declararon protectorado en 1843. La conducta no era, ciertamente, moral, pero sí propia del imperialismo británico que justo un año antes, en 1842, había emergido como vencedora de la Primera Guerra del Opio. Si Gran Bretaña no había dudado a la hora de agredir a una nación territorialmente inmensa como lo era China para forzarla a aceptar el tráfico de drogas en su interior ¿qué posibilidad tenía Centroamérica de resistir? Sin embargo, a diferencia de lo sucedido en China, en Centroamérica iba a toparse Gran Bretaña con un importante rival: los Estados Unidos de América.

En virtud del tratado Clayton-Bulwer de 1850, Gran Bretaña se vio obligada a renunciar al control exclusivo de una vía que uniera ambos océanos y, al igual que los Estados Unidos, a la colonización de cualquier parte de Centroamérica. Los británicos sólo cumplieron a medias con esta segunda circunstancia. En 1852 ocuparon las islas de la Bahía en el golfo de Honduras —aunque lo hicieran de manera temporal— y hasta 1894 no abandonaron la Mosquitia. En 1859 Carrera, verdadero héroe de católicos y conservadores, llegó a un arreglo con los ingleses reconociendo la ocupación de Belice a cambio de la promesa de que construirían un camino entre la Ciudad de Guatemala y la costa caribeña. Se mire como se mire, la obra difícilmente compensaba aquella cesión de soberanía. Con un sistema financiero controlado por la Iglesia católica y los comerciantes y una producción de cochinilla que tenía lugar cerca de la Ciudad de Guatemala y que se canalizaba hacia una Europa necesitada de colorante, Carrera logró una prosperidad moderada durante los años cincuenta sin verse obligado a tocar lo más mínimo el orden social.

A extender cierta prosperidad económica en Nicaragua contribuiría el magnate norteamericano Cornelius Vanderbilt quien puso en funcionamiento una línea de vapores que permitía acceder a Nicaragua y desde allí dirigirse a una California sacudida por la «fiebre del oro». En las dos décadas que se extenderían desde 1848 hasta 1868, más de 100 000 viajeros utilizaron esa ruta en una u otra dirección. Fue esa clara imagen de éxito la que, muy posiblemente, llevó a unos liberales inspirados hasta entonces por la Revolución francesa a buscar ayuda en los Estados Unidos, una nación que no sólo contaba con un sistema democrático sino que además experimentaba un ininterrumpido progreso económico. En 1855 los liberales nicaragüenses solicitaron la ayuda del sureño William Walker[6] para enfrentarse con las fuerzas conservadoras. Walker accedió a organizar un ejército compuesto por mercenarios y logró imponerse a las autoridades nicaragüenses con relativa facilidad. En 1856 el Departamento de Estado de los Estados Unidos reconoció al nuevo gobierno como el legítimo. Sin embargo, lo que vino a continuación no fue el cumplimiento de los sueños liberales sino un plan apenas oculto de anexión de Nicaragua por los Estados Unidos. Semejante posibilidad sembró la alarma no sólo entre las otras naciones de Centroamérica sino también en Gran Bretaña. Fue así como los distintos países centroamericanos pusieron en pie un ejército que, a las órdenes de Juan Rafael Mora, el presidente de Costa Rica, se enfrentó con Walker. La guerra se prolongó durante más de un año, pero concluyó con la derrota de Walker y su fusilamiento.

Por supuesto, se pueden realizar lecturas del episodio en el sentido de que fue la victoria de la libertad, pero lo cierto es que no se corresponden con la verdad histórica. Nicaragua, evidentemente, evitó la anexión a los Estados Unidos, pero en toda Centroamérica quedó consagrado el dominio conservador. Guatemala, Honduras o Nicaragua —donde los conservadores permanecerían en el poder hasta 1893— no iban a conocer de momento nuevos intentos reformadores. Sólo Gerardo Barrios, en El Salvador, intentó desafiar semejante panorama político. En 1861 incluso intentó intervenir en Honduras. El clero católico no estaba dispuesto a tolerar ningún cambio social y no tuvo problema en oponer a Carrera al político salvadoreño. En 1863 Barrios no sólo había sido derrotado sino que había sido sustituido en la presidencia de El Salvador por Francisco Dueñas, una hechura de Carrera.

Nuevo intento liberal

En la década de los años setenta, a pesar de la perdurabilidad del esquema político-social implantado por los conquistadores —o quizá por eso mismo— Centroamérica volvió a conocer una oleada de intentos reformistas de signo liberal. Apoyándose en los precedentes históricos de Morazán o Barrundia, el impulso liberal tuvo una clara repercusión en Guatemala y, en menor medida, en El Salvador. En 1871 la revolución liberal había triunfado bajo las órdenes de un plantador de café llamado Justo Rufino Barrios. Lo que vino a continuación fue la puesta en funcionamiento de una serie de medidas como la expropiación de los bienes eclesiásticos (1873), la abolición del censo enfitéutico (1877), la venta y distribución de baldíos desde 1871 y el intento de que la Iglesia católica perdiera el monopolio de la educación. Lejos de ser esta última medida una muestra de sectarismo, en realidad se trataba de impulsar la libertad y la calidad de la enseñanza ya que, de acuerdo con la Ley Pavón de 1852, había colocado bajo la fiscalización de los párrocos las escuelas de las primeras letras. Barrios no sólo intentó acabar con los privilegios eclesiásticos situando el control de la educación en manos del Estado —lo que se tradujo en la aparición de escuelas primarias e institutos de educación media así como en el intento de modernización de la Universidad de San Carlos— sino también colocando el registro civil de nacimientos, matrimonios y funciones en manos de la administración pública. Por añadidura, la puesta en el mercado de bienes que procedían de una acumulación privilegiada por parte de la Iglesia católica de acuerdo con los principios del Antiguo Régimen se reveló como una medida positiva. Sin embargo, a diferencia de lo sucedido, por ejemplo, en Francia, donde esas medidas dieron lugar al establecimiento de una clase media amplia, en Centroamérica el resultado fue similar al de una España cuya estructura social había sido el cañamazo de la hispanoamericana.

En 1877 se promulgó el Reglamento de Jornaleros, que no era sino un intento de mantener en pie el sistema de explotación agraria creado durante la Conquista. Las comunidades se iban a ver obligadas a proporcionar trabajadores temporales a la vez que se regulaban las habilitaciones, es decir, los adelantos que vinculaban a los trabajadores indígenas con un hacendado. Sumado a normas que castigaban la vagancia y articulaban el control local, el sistema mantuvo a los indígenas del altiplano en la condición de siervos —colonos según la terminología legal— de las haciendas cafetaleras. De esa manera, lejos de luchar por establecer un sistema de libertades, las reformas liberales sólo dieron paso a un sistema controlado por un grupo reducido de terratenientes y comerciantes, sistema que recordaba considerablemente al colonial y que se prolongó hasta la década de los años treinta del siglo xx. A decir verdad, la Constitución guatemalteca de 1879 —que estaría vigente hasta 1945— podía ser formalmente liberal, pero en la práctica, como si no hubiera tenido lugar la emancipación de España, el poder quedó circunscrito a unas oligarquías propietarias. El mismo Barrios fue, en realidad, más un caudillo al viejo uso hispano que un liberal.

Para complicar más la situación, los liberales centroamericanos pretendían, con toda lógica, articular un Estado moderno distinto del colonial e impulsar el progreso económico. Con una estructura social arcaica, la única manera —el paralelo con lo que sucedía en España es también obvio— de reunir los fondos suficientes era conseguir préstamos que sólo podían proceder del exterior. No sorprende que el Estado y las oligarquías locales fueran perdiendo el control de la banca, el dominio de las finanzas y el mercado de las exportaciones. A decir verdad era lo que cabía esperar si se tiene en cuenta la ausencia de una cultura de las finanzas, situación propia de las naciones con una herencia procedente de la Contrarreforma.

Barrios intentó repetir el esquema ya impulsado por Rafael Carrera en el sentido de contar con gobernantes amigos en Honduras y El Salvador. Incluso el 28 de febrero de 1885 declaró la Unión Centroamericana en una sola República, cuyo jefe militar sería él mismo. De manera previsible, El Salvador, Costa Rica y Nicaragua —también México y los Estados Unidos— rechazaron las pretensiones de Barrios. En marzo, Barrios invadió El Salvador, pero su intento tendría corta vida. Caído Barrios en la batalla de Chalchuapa, la unión de Centroamérica se disolvió antes de haber comenzado.

El gobierno de Barrios tuvo su paralelo en El Salvador durante la presidencia de Rafael Zaldívar (1876-1883 y 1883-1885). Los indígenas ocupaban en esta nación las tierras más adecuadas para el cultivo del café y una serie de leyes que tuvieron su inicio en 1879 y continuaron siendo promulgadas hasta 1882 abrieron la puerta al acaparamiento de tierras por un grupo reducido de terratenientes. Una vez más se siguió el modelo traído por la Conquista española: los indígenas eran despojados en beneficio de una reducida oligarquía. La modernización —que implicó el avance del ferrocarril y una mejora de puertos y caminos— favoreció a una reducida minoría y sometió a la precariedad a masas enteras de la población.

En 1885, Zaldívar —que se había resistido al proyecto unionista de Barrios— no pudo evitar su derrocamiento a causa de un golpe capitaneado por el general Francisco Menéndez. A partir de 1886, año de la promulgación de una nueva constitución, se sucedieron distintos gobiernos militares nacidos de golpes de Estado que tuvieron lugar en 1890, 1893 y 1898. Como en Guatemala, en teoría el sistema era liberal, pero en la práctica reproducía esquemas cuyas raíces se hundían, de manera fácilmente identificable, en el periodo de la Conquista.

No fue mejor la evolución experimentada por Honduras. En 1876 tomó el poder Marco Aurelio Soto, hechura del guatemalteco Barrios. Sus intenciones de modernización eran reales como lo demostró, por ejemplo, el proyecto de ferrocarril interoceánico que tenía que ir desde Puerto Cortés en el golfo de Honduras hasta el golfo de Fonseca. Sin embargo, esta obra fracasó estrepitosamente a causa de una corrupción rampante que disparó los costes de construcción hasta convertirlos en inasumibles. Carente de buenas vías de comunicación, Honduras no logró lanzar la industria cafetalera y el sueño de aprovechar la explotación de la plata concluyó en la pesadilla de ver cómo instancias exteriores se apoderaban de ella. Hasta 1894, con la llegada al poder de Policarpo Bonilla, los gobiernos hondureños estuvieron caracterizados por la inestabilidad. Bonilla —que gobernó hasta 1899— intentó seguir con el proceso de modernización propio del liberalismo, pero lo cierto es que obtuvo pobres resultados.

En Nicaragua, tras la derrota del filibustero William Walker, se sucedieron tres décadas de estabilidad conservadora que benefició en especial a los ganaderos y comerciantes de Granada. Como en Guatemala, las leyes contra la vagancia intentaron, a partir de 1881, garantizar una mano de obra que, en la práctica, era de carácter servil y que recordaba no poco al sistema de explotación indígena impuesto por la Conquista. En 1893 los liberales, bajo la dirección de José Santos Zelaya, tomaron el poder. El resultado, como en el resto de Centroamérica —y en España también—, fue un gobierno autoritario cuyo único énfasis realmente liberal era cierta modernización, pero que pasaba por alto principios esenciales como la supremacía de la ley, la separación de poderes o el respeto por las libertades.

Zelaya también enarboló la bandera del unionismo valiéndose además de ella para intervenir en Honduras y El Salvador. El resultado fue la formación de la República Mayor de Centroamérica que sólo duró, incluso entonces, como mero pacto de 1895 a 1898. Desde 1902 a 1907 Zelaya volvió a acometer el proyecto, lo que le causó enfrentamientos con el dictador guatemalteco Estrada Cabrera y provocó suspicacias en México y en los Estados Unidos. Quizá la diferencia mayor entre Zelaya y otros gobernantes centroamericanos fue la energía con que actuó para ejecutar sus planes, pero ese empuje de poco le sirvió a la hora de enfrentarse con una cuestión que envenenaría las relaciones entre Nicaragua y los Estados Unidos durante todo el siglo xx y que acabó ocasionando su caída.

La existencia de un canal que pudiera unir los océanos Atlántico y Pacífico constituía una meta que, en términos económicos, resultaba más que comprensible. En todo el continente americano, sin embargo, sólo los Estados Unidos tenían la voluntad y los medios para acometer semejante empresa. El lugar más adecuado en apariencia era Nicaragua, cuyo territorio está surcado por un lago, el segundo más grande del subcontinente después del Titicaca, que podía ser utilizado para unir ambos océanos. Zelaya aprovechó los deseos norteamericanos y en 1894 se apoderó del control de la Mosquitia; al siguiente año se enfrentó con éxito al bloqueo inglés de Corinto. Los Estados Unidos deseaban negociar con Nicaragua y no permitieron en esta ocasión que Gran Bretaña impusiera su voluntad sobre la nación centroamericana. En diciembre de 1901, el contrato para la construcción del canal estaba dispuesto. Sin embargo, no se llegó a consumar el plan. Finalmente, fue rechazado por el Departamento de Estado norteamericano ya que no incluía un derecho de extraterritorialidad favorable a los Estados Unidos. Que al año siguiente la compañía francesa que tenía los derechos para la construcción del canal de Panamá los cediera y que en 1903, respaldada por los Estados Unidos, la oligarquía panameña se independizara de Colombia tuvo como consecuencia directa que se abandonara, al menos de momento, el proyecto del canal en Nicaragua. Sin embargo, a esas alturas costaba no ver que los Estados Unidos contemplaban a Nicaragua como vital para sus intereses. De hecho, en 1909 Zelaya fue derrocado por una conjura de corte conservador paralela a considerables diferencias con los Estados Unidos que iban de la cancelación de concesiones a compañías norteamericanas a los intentos de interesar en la construcción del canal en Nicaragua a otras potencias, lo que implicaba una competencia directa con el proyecto norteamericano en Panamá.

De manera muy significativa, Costa Rica sufrió una evolución más favorable gracias a la personalidad del general Tomás Guardia (1870-1882). Su gobierno fue, sin duda, una dictadura, pero durante su vigencia se promulgó la constitución de 1871 —que seguiría vigente hasta 1949 salvo en el periodo 1917-1919—, se abolió la pena de muerte y se impulsó una modernización estrechamente relacionada con las comunicaciones y respaldada por capital extranjero. El último cuarto de siglo en Costa Rica no vio la consolidación de un Estado liberal sino el dominio de las oligarquías, pero no es menos cierto que los cambios de gobierno se llevaron a cabo de manera pacífica. En 1889 los liberales cedieron el poder tras el veredicto contrario de las urnas, pero los gobiernos de José Joaquín Rodríguez (1890-1894) y Rafael Yglesias (1894-1902) continuaron el proceso de modernización. Las elecciones de 1901-1902 y de 1905-1906 dejaron no poco que desear en términos de limpieza, pero a pesar de todo se acercaron más a las características de un sistema liberal que lo que sucedía en otras partes de Centroamérica.

Al finalizar el siglo XIX las distintas naciones de Centroamérica tenían, con sus diferencias, sistemas políticos en los que era difícil, aun bajo la apariencia normal de sistema liberal, no ver la huella e incluso la persistencia de los esquemas de la Conquista.

Perpetuación de los esquemas de la Colonia

Si hay una circunstancia que llama enormemente la atención de quien analiza en profundidad la historia de Centroamérica es la manera en que, tras la emancipación, se mantuvo en pie un esquema sicopolítico heredero directo de la Conquista. Es cierto que en algunos casos los liberales se esforzaron por desnudar a la Iglesia católica de sus privilegios al considerarlos un obstáculo innegable hacia la modernización y el progreso económico. Sin embargo, más allá de eso, la época de las reformas liberales —más que fallidas en buen número de casos y limitadas a circunstancias como la mejora de los transportes— concluyó con un esquema social muy similar al implantado por los conquistadores españoles. El gobierno siguió siendo autoritario aunque se titulara liberal; configuró un marco legal en el que las masas indígenas se veían desprovistas de derechos y se convertían en trabajadores forzados de las castas privilegiadas. Igualmente, continuó manteniendo la explotación agrícola con trabajo forzado en mayor o menor medida como base de la riqueza. Puso en funcionamiento proyectos mal presupuestados que se tradujeron en un endeudamiento y una dependencia del exterior. Igualmente, se mostró incapaz de detener las injerencias externas. Todo ello sucedía en un magma ideológico en que la supremacía de la ley era un valor desconocido, con frecuencia las armas sustituían a las leyes, no existía la separación de poderes y la educación, el trabajo o el desarrollo científico eran hijos directos no del liberalismo clásico —como hubiera sido de esperar— sino de la España de la Conquista y de la Contrarreforma.

A todo ello se sumó una clara tendencia hispana, como fue la de la disgregación centrífuga de las regiones. Centroamérica podía haber existido perfectamente como una sola República. La realidad es que los localismos la atomizaron concluyendo en fracaso todos los intentos encaminados hacia la unidad. Al fin y a la postre, más allá de cierta secularización de los bienes eclesiásticos y de la entrada de algunos miembros nuevos en las oligarquías dominantes, el periodo desde la emancipación al final del siglo xix implicó escasos cambios reales en relación con todo el esquema ideológico, mental y jurídico de la Conquista. Más allá de nuevos ropajes no siempre bien cortados, el cuerpo siguió siendo el mismo y el alma —el dominio de unos pocos sobre la inmensa mayoría escudados en privilegios ya fuera *de iure* o *de facto*— permaneció casi intacta. Los pésimos resultados de la pervivencia de esos esquemas culturales no se harían esperar durante el siglo siguiente.

Notas

[1] La bibliografía relativa a los verdaderos orígenes de la Constitución de los Estados Unidos es abundante, aunque, de manera paradójica, no muy conocida. Un estudio enormemente interesante sobre sus orígenes en el pensamiento colonial del siglo xvii puede hallarse en P. Miller, *The New England Mind. The 17th Century*, Harvard, 1967.

[2] Sobre el tema, véase http://www.larazon.es/historico/7881-el-sensato-dolor-de-blanco-white-por-cesar-vidal-JLLA_RAZON_383102#.Ttt1J187N-loxqff e igualmente http://www.ilustracionliberal.com/51/la-constitucion-que-no-podia-ser-cesar-vidal.html

[3] *El Amigo de la Patria*, 30 de noviembre de 1821.

[4] Como señal difícil de negar acerca de la manera en que se cuarteaba la nación centroamericana en 1834, Morazán había trasladado la capital federal a San Salvador.

[5] Sobre Rafael Carrera, véase R. L. Woodward, *Rafael Carrera and the Emergence of the Republic of Guatemala, 1821-1871*, Athens, 1993.

[6] Sobre William Walker, véase W. O. Scroggs, *Filibusteros y financieros. La historia de William Walker y sus asociados*, Managua, 1974 (1ª ed. 1916). De especial interés es el relato del propio W. Walker, *La guerra de Nicaragua*, San José, 1970 (1ª ed. 1860).

CAPÍTULO V

Cambio de siglo:
dictaduras e intervención exterior

Perpetuidad de la cosmovisión de la Conquista

Si la historia de Centroamérica constituyó una especie de magma
detenido en la explotación de las tierras y de las poblaciones indígenas por parte de los españoles y sus descendientes durante un espacio de más de tres siglos, la primera parte del siglo xx derivó, tras
una era de reformas liberales de éxito limitado, en un nuevo estancamiento histórico. Por lógica, una zona de esa repercusión geográfica y económica no podía permanecer aislada ni tampoco impermeable a algunos avances técnicos, pero con todo, se solidificó un
esquema político-social que, para mantener una cosmovisión surgida directamente de la Conquista, asumió la sucesión de caudillos
—el heredero directo del conquistador— y sustituyó el viejo dominio de la Corona española por la intervención extranjera no pocas
veces violenta. Como antaño, las grandes masas campesinas e indígenas se convirtieron en el soporte de un sistema sociopolítico que
beneficiaba a una casta reducida, de la misma manera que había sucedido durante la época del dominio colonial español.

Así, es cierto que el cultivo del café unificó no poco la vida económica de Centroamérica en las tierras altas del centro o en la costa
que da al océano Pacífico, pero semejante circunstancia no modificó
—más bien afianzó— un esquema que hundía sus raíces en la época
de la Conquista. Al igual que previamente había sucedido durante la
época colonial, naciones como Guatemala y El Salvador codificaron
incluso condiciones laborales especialmente duras. Las encomiendas
habían dejado de existir, pero el sistema de colonato siguió propor-

cionando a minorías privilegiadas una mano de obra barata y permanente. En el caso de Guatemala, incluso se idearon sistemas de trabajo obligatorio que impidieran a los indígenas escaparse de rendir sus servicios. El pago con fichas —que sólo servían como modo de intercambio en establecimientos propiedad de los terratenientes— y la acción policial para reclutar forzosamente a los no adscritos ya a alguna finca son sólo dos de las medidas utilizadas para contar con una mano de obra que, en poco más que el nombre se diferenciaba de la esclavitud.

En El Salvador y Costa Rica el régimen laboral fue algo menos opresivo siquiera porque los trabajadores no eran colonos forzados sino asalariados. Con todo, en El Salvador una porción notable de los trabajadores agrícolas formaba parte de un proletariado rural al que se le habían expropiado sus tierras en no pocas ocasiones mientras que en Costa Rica se trataba de pequeños y medianos propietarios. Todo esto sucedía a pesar de —y en no escasa medida relacionado con— la conexión de Centroamérica con el comercio agrícola internacional.

Ya en la década de los años setenta del siglo xix, desde la costa de Honduras comenzaron a partir envíos de bananas que llegaban hasta el puerto de Nueva Orleans en los Estados Unidos. De manera bien significativa, personajes como Minor Keith, empapados de la visión protestante de la empresa y el trabajo, comenzaron a invertir en un desarrollo económico que se escapaba a los centroamericanos aún atrapados en la óptica de la Conquista donde prevalecía que otros trabajaran para una pequeña casta. Las posibilidades de negocio existían, se percataran de ello o no los gobiernos y las castas privilegiadas de Centroamérica. En 1899 se constituyó la United Fruit Company. Contaba con un capital inicial de 11 millones de dólares y con la colaboración de empresarios norteamericanos que habían logrado concesiones de terrenos en Costa Rica y Colombia. La United Fruit Company, junto a la Cuyamel Fruit Company —con la que se fusionó en 1929— y la Standard Fruit and Steamship Company logró apoderarse del monopolio de la comercialización bananera en Centroamérica y el Caribe. El espíritu de empresa que había caracterizado a los Estados Unidos desde su fundación pronto se tradujo en que las compañías bananeras se extendieran hacia actividades ferroviarias, navieras o de comunicaciones, entre otras.

De manera significativa, que provoca a la reflexión, toda esa actividad económica —ciertamente fecunda— no se tradujo en actividades económicas adicionales que actuaran en beneficio de las poblaciones centroamericanas. Comercio y servicios recibieron un cierto impulso, pero poco repercutió en el bienestar general. No sólo eso, de forma más que reveladora, hasta mediados del siglo xx la mitad de lo importado no correspondió a bienes que pudieran contribuir al desarrollo de Centroamérica sino a bienes de consumo no duradero. En otras palabras, como en la época de la Conquista y de acuerdo con su mentalidad, las castas privilegiadas empleaban las ganancias a las que tenían acceso no en una reinversión destinada al desarrollo económico sino en un disfrute de la existencia que no se reflejaba en el avance nacional. De esa manera, cualquier sacudida en la economía mundial —la caída de los precios del café entre 1897 y 1908, la Primera Guerra Mundial, la Gran Depresión iniciada en 1929— tuvo su repercusión negativa en Centroamérica, pero a la vez, las épocas de bonanza no se tradujeron en una visión económica que fuera sentando las bases de un sistema capitalista avanzado. El armazón político de este periodo, de forma que no puede sorprender, fue también un reflejo de la época de la Conquista.

El modelo de *El Señor Presidente*

La Conquista había tenido como arquetipo de la acción política a un tipo de personaje bien definido. Autoritario, apoyado en la espada, situado por encima de la legalidad, repartidor de mercedes y consolidador de un orden social con un respaldo exterior —la Corona y la Iglesia católica—, el conquistador constituye el patrón, consciente o inconsciente, de los dictadores hispanoamericanos. Durante las primeras décadas del siglo xx la cristalización personal de esa visión —en la que la supremacía de la ley, la libertad de prensa, la opinión pública, la separación de poderes o los derechos individuales no merecían consideración alguna— se llamó Manuel Estrada Cabrera, el dictador guatemalteco que sirvió de inspiración a Miguel Ángel Asturias para escribir *El Señor Presidente* e inspirar a imitadores que no lograron, por regla general, superar el modelo literario.

En Guatemala, el dictador surgido del ADN del conquistador no sólo resultó indiscutible en una figura como Estrada Cabrera —que fue presidente de 1898 a 1920— sino también en Barrios y Ubico, este se mantuvo en el poder desde 1931 hasta 1944. Como en el caso de los conquistadores, no faltaron aduladores áulicos que cantaron las loas de los dictadores, también apoyados en la espada, haciendo referencia, por ejemplo, a la Ciudad de Guatemala como «Atenas tropical» y a Estrada Cabrera como «nuevo Pericles». No deja de ser significativo que Estrada Cabrera cayera en 1920 gracias a una alianza de estudiantes, intelectuales y miembros de la clase media, pero que, al año siguiente, ocupara la presidencia el general Orellana, lugarteniente de Estrada Cabrera. El esquema de poder era demasiado similar al de la Conquista como para que un conquistador no fuera sustituido por otro… y a este, a su vez, lo sucediera otro. En 1926, el general Chacón se convirtió en el nuevo presidente y en el puesto se mantuvo hasta que cayó víctima de una dolencia cerebral en 1930. A nadie le sorprenderá que entonces fuera el general Orellana quien se encaramara en el poder gracias a un golpe militar.

Es cierto que, en el curso de este periodo aparecieron nuevos partidos de orientación social e incluso izquierdista —el Partido Cooperativista, el Partido Laborista y el Partido Comunista— y que se dieron algunos pasos para proteger a los trabajadores. También es verdad que la falta de respaldo norteamericano, de acuerdo con los tratados de Washington de 1923, obligó a Orellana a abandonar la presidencia. Sin embargo, de las elecciones celebradas en febrero de 1931 emergió como vencedor el general Jorge Ubico; con una amplia experiencia previa que incluía el haber sido ministro de la guerra del general Orellana, Ubico se mantuvo en el poder hasta 1944.

Convencionalmente, se señala que Ubico siguió el modelo de Estrada Cabrera. A decir verdad, Ubico descendía en línea directa de los conquistadores, con algunos retoques propios de la época como la ampliación de una policía secreta que recordaba —¿puede sorprender?— a la Inquisición católica. Ubico aniquiló a todos los que consideró amenaza para su poder; volvió a someter a los trabajadores a la servidumbre mediante severos decretos contra la vagancia y, especialmente, la ley de vialidad, que obligaba a rendir dos semanas al año de trabajo obligatorio aunque se podían conmutar por dinero; centralizó el poder valiéndose de los intendentes nombrados directamente por el ejecutivo; y, de nuevo, consiguió que los aduladores cortesanos cumplieran con su misión de coro del ejercicio despótico del poder. En 1941, en un episodio bien revelador, los diputados sumisos rogaron a Ubico que se mantuviera en el poder hasta 1949.

Ubico no cometió el error de oponerse a las pretensiones norteamericanas durante la Segunda Guerra Mundial y se mantuvo a distancia de las potencias del Eje. A decir verdad —¿puede extrañarle a alguien?— su punto de referencia era la dictadura del general Franco que, no por casualidad, tenía como modelo a los Reyes Católicos y como inspirador de su legislación a la Iglesia católica. Tampoco sorprende que, tras el final de las hostilidades, los Estados Unidos considerara que Ubico, bien lejos de la URSS a diferencia de Franco, perjudicaba más que beneficiaba.

El Salvador presentó una evolución política no exenta de paralelos con Guatemala. Desde 1898 a 1931 fue habitual la sucesión de gobiernos autoritarios y oligárquicos. La familia de los Meléndez-Quiñónez, por ejemplo, controló la presidencia desde 1913 a 1927. En ese último año accedió al gobierno Pío Romero Bosque. Soportaba mal la oposición, pero debe reconocerse que permitió actuar a los sindicatos e incluso promulgó algunas normas de carácter laboral. No desapareció la persecución política, pero también es cierto que Romero Bosque se retiró en 1930 y permitió la celebración de nuevas elecciones.

En enero de 1931 llegó al poder Arturo Araujo. Terrateniente educado en Inglaterra, apenas se mantuvo en el gobierno 10 meses. La imposibilidad de pagar las nóminas de los funcionarios creó una situación enrarecida que desembocó en un golpe perpetrado el 2 de diciembre de 1931. La presidencia fue asumida entonces por el general Maximiliano Hernández Martínez, anterior vicepresidente y ministro de guerra del depuesto presidente Araujo. Hernández Martínez no iba a disfrutar del poder con tranquilidad. En enero de 1932 El Salvador sufrió el estallido de una cruenta agitación social. A la par que los indígenas y mestizos tomaban violentamente los cafetales, el gobierno detuvo a los dirigentes del Partido Comunista de El Salvador encabezados por Farabundo Martí[1] y procedió a fusilarlos. El Partido Comunista había sido fundado en 1925 y es dudoso que su peso social fuera relevante, pero había adquirido ciertamente un valor simbólico por el reciente ejemplo de la revolución bolchevique. No terminó ahí la represión; de hecho, en los tiempos siguientes no menos de 10 000 personas encontraron la muerte en el intento —más que conseguido— de acabar con la sublevación campesina. Los resultados de aquella represión se extenderían durante años, porque las oligarquías locales acabaron delegando el poder en manos de los militares y durante cuatro décadas hicieron sentir su peso sobre las comunidades campesinas. Sin embargo, en contra de lo que suele afirmarse, esa situación no era en realidad nueva, sino más bien una repetición del esquema de la Conquista. Se trataba del más que conocido esquema de la explotación agraria sostenida con la espada. La única excepción a esta norma general sería Costa Rica que, aun así, sufrió en 1917 un golpe que elevó al poder a Federico Tinoco manteniéndolo en su disfrute durante un bienio. Con todo, el país seguiría una evolución casi feliz especialmente si se compara con la de las otras naciones centroamericanas, que remataría con la abolición de las fuerzas armadas en 1949.

El caso de Honduras tuvo algunas especificidades que, sin embargo, no alteraron el esquema surgido de la Conquista. Honduras fue gobernada por Tiburcio Carías Andino, «Doctor y General». Nuevo ejemplo del poder empleado en respaldo de los señores de la tierra, en este caso Carías Andino favoreció, sin embargo, no tanto a terratenientes locales como a las compañías fruteras de origen norteamericano.

Notablemente peculiar fue la trayectoria de Nicaragua. En 1912 los Estados Unidos intervinieron con la intención de asegurar la construcción del canal interoceánico que venían ambicionando desde tiempo atrás. En 1916 los Estados Unidos y Nicaragua suscribieron el tratado Bryan-Chamorro que otorgaba a la primera nación un derecho a construir el canal a perpetuidad, la cesión por 99 años de las islas del Maíz en el Caribe y el derecho a una base naval en el golfo de Fonseca. Nicaragua se convertía así en un protectorado cuya permanencia derivaba claramente de la presencia militar norteamericana.

En 1925 las tropas de los Estados Unidos se retiraron de Nicaragua, una situación que aprovecharon los liberales para intentar tomar el poder aprovechando los envíos de armas que recibían desde México. En 1926 los marines estaban de regreso en Nicaragua, pero esta vez se encontraron con una rebelión de carácter popular. La prudencia aconsejaba llegar a un acuerdo y evitar el enfrentamiento armado, de manera que en marzo de 1927 se llegó a un pacto suscrito en Tipitapa. Al año siguiente el general Moncada, caudillo de los liberales, no sólo había abandonado la rebelión sino que había asumido la presidencia. Para muchos nicaragüenses aquel paso significaba una traición a la patria. Así lo vio también César Augusto Sandino,[2] uno de los jefes liberales que decidió continuar la guerra.

Sandino fue un personaje excepcional desde muchos puntos de vista. Hijo bastardo de un terrateniente, presentaba no pocos paralelos con otros revolucionarios hispanoamericanos. Como San Martín, Bolívar o Martí fue iniciado en la masonería. Como el mexicano Francisco I. Madero, se inspiraba en unas peculiares creencias espirituales que incluían la reencarnación e incluso pensaba que en existencias anteriores había sido antiguos revolucionarios. Como el también mexicano Emiliano Zapata no encajaba en ninguna ideología de izquierdas sino más bien en la defensa de unos derechos campesinos frente a oligarquías poderosas que tenían a su servicio el poder institucional.

Sandino, situando su base principal en la región de Nueva Segovia, logró imponerse a las fuerzas norteamericanas de manera inesperada. Comprensiblemente, Sandino —declarado antiimperialista e innegable nacionalista— fue bien considerado en toda Centroamérica e incluso recibió alguna ayuda del gobierno mexicano.

Con indudable sensatez, Moncada llegó a la conclusión de que lo mejor era que las tropas norteamericanas abandonaran Nicaragua. Para sustituirlas, aceptó la formación de una Guardia Nacional[3] entrenada por instructores norteamericanos, lo que permitió que los marines salieran de territorio nicaragüense sin que la inestabilidad se apoderara de la nación. En enero de 1934 parecía disparatado pensar que se llegaría a una paz justa. Se trataba sólo de apariencia porque, al mes siguiente, la Guardia Nacional asesinó traicioneramente a Sandino y a sus lugartenientes. El principal beneficiario de los crímenes sería Anastasio Somoza García,[4] el propio jefe de la Guardia Nacional. Somoza acabaría convirtiéndose en el dictador de Nicaragua hasta su asesinato en 1956.

Intervención de los Estados Unidos: del «gran garrote» al «buen vecino»[5]

Los Estados Unidos tuvieron desde finales del siglo xix indudables intereses en la zona, intereses que podrían resumirse en la palabra *estabilidad*. Esa estabilidad implicaba lo mismo la garantía de que podrían construir un canal que comunicara los océanos como de que sus inversiones no se verían amenazadas por sobresaltos sociales. Esa búsqueda de la estabilidad es la que subyace en todas las declaraciones presidenciales de la época aunque se vean coloreadas también por otros aspectos. Por ejemplo, para Theodore Roosevelt, el gran presidente de la época de las reformas desde arriba, el Corolario (1904) que lleva su nombre incluía una «misión civilizadora» en Centroamérica. La región no era suficientemente estable —¿podía negarlo alguien?— y resultaba imperioso desarrollar en ella una función pedagógica que permitiera evitar los bandazos políticos y la llevara a asumir unas reglas propias de naciones avanzadas. La política del «gran garrote» (*Big Stick*) preconizada por Theodore Roosevelt no se hizo sentir de manera especialmente agresiva en Centroamérica, a excepción quizá del respaldo a la independencia de Panamá (1903) que fue seguida por un acuerdo para la construcción del canal en el mismo año. A decir verdad, las gestiones de Roosevelt no dejaron de tener resultados muy positivos para Hispanoamérica en general —evitó el bloqueo anglo-alemán de Venezuela— y sobre Centroamérica en particular ya que los tratados de 1907 establecieron una garantía conjunta mexicano-estadounidense para acabar con los enfrentamientos entre las diferentes repúblicas.

A las gestiones de Roosevelt —el paradigma de la política reformista norteamericana— se deben también la creación de una corte de justicia centroamericana; la aceptación de la doctrina Tovar, que impedía el reconocimiento de gobiernos que llegaran al poder de manera inconstitucional; la declaración de neutralidad de Honduras y la prohibición de los grupos revolucionarios. Todas las medidas eran en sí claramente positivas y, sin duda, apuntaban a una estabilidad beneficiosa. Sin embargo, la realidad evolucionó de manera muy diferente en cuanto Theodore Roosevelt abandonó la Casa Blanca.

En 1909 cayó el presidente Zelaya. A la sazón Taft era ya presidente de los Estados Unidos y la política exterior norteamericana experimentó una modificación no poco significativa. Diplomática —lo que tiene su lógica— y militarmente —lo que resulta más discutible— los Estados Unidos procederían a respaldar las inversiones de las empresas norteamericanas en la zona. Surgía así la denominada «diplomacia del dólar», que tuvo como una de sus características esenciales el que los bonos de las naciones centroamericanas dejaran de estar en manos europeas para pasar a tenedores estadounidenses.

En 1923, las cinco repúblicas suscribieron con los Estados Unidos los denominados Pactos de Washington que, en lo formal, reafirmaban lo ya pactado en 1907. La estabilidad se había convertido en una realidad aunque muy posiblemente a ella no fue ajena la presencia de los marines en Nicaragua. El cambio iba a tener lugar ya en la década siguiente de la mano de otro Roosevelt.

La figura de F. D. Roosevelt es, sin ningún género de dudas, una de las más grandes de la historia de la primera mitad del siglo xx y, desde luego, de la de los Estados Unidos. Su gestión pública implicó cambios no pocas veces drásticos —generalmente positivos— en relación con lo vivido hasta entonces. La relación con Hispanoamérica no fue una excepción. De hecho, el simple enunciado del «buen vecino» que calificó a la nueva orientación ya implicaba, siquiera formalmente, un avance. Roosevelt optó por acabar con la política de protectorado parcial que había existido en Centroamérica y renunció a los derechos de intervención en Cuba y en Panamá. Para ser realistas, hay que reconocer que Roosevelt podía mantener la estabilidad sin llegar a ciertos extremos. Los «hijos de perra» propios —el calificativo que el mismo Roosevelt dio al dictador nicaragüense Somoza— se ocupaban de mantener esa estabilidad desempeñando una función que los reyes clientes habían realizado en favor de Roma 2 000 años antes. No todo, sin embargo, se puede reducir a los diferentes dictadores centroamericanos. La Gran Depresión ya había comenzado a dejar sentir sus efectos y la colaboración entre los Estados Unidos y las distintas repúblicas centroamericanas no sólo era, objetivamente, una buena decisión sino, en realidad, la única. A decir verdad, cuando se produjo algún caso aislado de nacionalismo económico se resolvió recurriendo no a los marines sino a la vía diplomática. Se trataba de una nueva época, sin duda, e incluso a pesar de sus limitaciones implicó avances innegables.

De la Segunda Guerra Mundial al inicio de la Guerra Fría

El final de la Segunda Guerra Mundial pareció plasmar la idea de que esa nueva época sólo podía encaminarse hacia lo mejor. En su penúltimo año, por ejemplo, tuvo lugar la caída de políticos como Ubico y Hernández Martínez. Cuando a la desaparición de esos personajes se sumó la subida del precio del café la apariencia de un futuro mejor dio la sensación de convertirse en realidad. A la estabilidad se sumaba una cierta prosperidad y a esta una esperanza política. A decir verdad, la demanda de reformas no era radical sino bastante ajustada, con los matices que se deseen expresar, a un programa moderado. Políticamente, se esperaba que la constitución fuera respetada al igual que la limpieza electoral. Socialmente, se propugnaba una cierta cobertura para los trabajadores a través del respeto a la sindicación y la aprobación de normas de protección laboral. Económicamente —y este era el factor más espinoso— se esperaba una intervención estatal en la banca y en el crédito y la puesta en marcha de una transformación de la situación de los campesinos que podría llegar a incluir una reforma agraria. En teoría, no se trataba de expectativas exageradas, pero chocaron contra un muro cuyo factor principal de legitimación fue la Guerra Fría. Las oligarquías locales no estaban dispuestas a ceder un ápice de poder —¿lo habían hecho acaso desde su configuración en la época de la Colonia?— y se resistieron encarnizadamente a las reformas. Para adoptar ese rumbo apelaron a la defensa frente al peligro comunista en la convicción —que se reveló acertada— de que los Estados Unidos antepondrían lo que pudieran considerar intereses estratégicos a cualquier otro tipo de consideraciones. Semejante visión se revelaría fatal para Centroamérica, como tendremos ocasión de ver en los próximos capítulos.

Notas

[1] Sobre Farabundo Martí, véase J. Arias Gómez, «Farabundo Martí y el comunismo», en O. Martínez Peñate (ed.), *El Salvador: Historia general*, San Salvador, Nuevo Enfoque, 2002, pp. 251-264.

[2] Biografía clásica de Sandino sigue siendo G. Selser, *Sandino, general de hombres libres*, 2ª ed., San José, EDUCA, 1979. De mayor interés a nuestro juicio son:

N. Macaulay, *The Sandino Affair,* Chicago, Quadrangle Books, 1967; M. A. Navarro-Génie, *Augusto «César» Sandino. Messiah of Light and Truth,* Nueva York, SUP, 2002; F. Rivera-Montealegre y R. de Nogales Méndez, *Augusto C. Sandino y los capítulos que ocultó Wall Street: el saqueo de Nicaragua,* Movimiento Cultural Nicaragüense, 2013.

[3] Acerca de la Guardia Nacional, véase R. Millett, *Guardians of the Dynasty: A History of the US Created Guardia Nacional of Nicaragua and the Somoza Family,* Nueva York, Orbis Books, 1977; J. Pérez, *Semper Fidelis. El secuestro de la Guardia Nacional de Nicaragua,* Bogotá, Justiniano Pérez, 2004.

[4] Acerca de Somoza, véase K. Walter, *El régimen de Anastasio Somoza 1936-1956,* Managua, Universidad Centroamericana-Instituto de Historia de Nicaragua y de Centroamérica.

[5] Sobre los dos periodos véase K. Berman, *Under the Big Stick. Nicaragua and the United States Since 1848,* Boston, South End Press, 1986; P. Gleijeses, *Shattered Hope. The Guatemalan Revolution and the United States, 1944-1954,* Princenton, Princenton University Press.

PARTE III
LA GUERRA FRÍA

CAPÍTULO VI

Centroamérica entra en la Guerra Fría

La Guerra Fría llega a Centroamérica

La Guerra Fría fue un fenómeno que dio inicio nada más concluir la Segunda Guerra Mundial y que sólo terminó con el colapso de la Unión Soviética (Unión de Repúblicas Soviéticas Socialistas, urss) durante la última década del siglo xx. Posiblemente su primer paso de relevancia —más allá de la declaración de Winston Churchill en el sentido de que un telón de acero había descendido en Europa— fue la firma del tratado de Bruselas el 17 de marzo de 1948. El principal impulsor de este instrumento había sido Gran Bretaña, que logró la adhesión de Francia y de las pequeñas Bélgica, Holanda y Luxemburgo. En septiembre del mismo año tuvo lugar la creación de la Organización de Defensa de la Unión de Europa Occidental. Ni era toda Europa occidental ni la defensa era posible de manera que, al fin y a la postre, el 4 de abril de 1949 se firmó el Tratado del Atlántico Norte. A la Organización del Tratado del Atlántico Norte (otan) se sumaron desde el principio Canadá, Portugal, Italia, Noruega, Dinamarca e Islandia. Su finalidad, tal y como expresó su primer secretario general, el británico Lord Ismay, era «to keep the Russians out, the Americans in, and the Germans down» (mantener a los rusos fuera, a los americanos dentro y a los alemanes abajo). En otras palabras, las intenciones de Gran Bretaña eran las de impedir la existencia de una potencia hegemónica en el continente valiéndose de la ayuda de los Estados Unidos. El coloso norteamericano tenía una visión más marcadamente ideológica que la de Gran Bretaña y, desde el principio, impregnó la organización con ella, que consistía en la contención de la Unión Soviética y con ella del comunismo.

La Unión Soviética tardó en responder de manera simétrica al desafío que significaba la OTAN. La razón fundamental de esa lentitud fue el estado en que había quedado la Unión Soviética a consecuencia de la invasión nazi, un episodio en el que habían perdido la vida cerca de 27 millones de ciudadanos soviéticos[1] y buena parte del territorio nacional había quedado literalmente arrasada. De manera bien significativa, hasta 1955, es decir, más de un lustro después, la Unión Soviética creó el Pacto de Varsovia, una organización paralela con las naciones satélites de Europa oriental. A todas luces resultaba obvio que la Guerra Fría era un asunto europeo con intervención de los Estados Unidos y, si se aceptaban las interpretaciones norteamericanas, podía tener repercusiones asiáticas porque China era —en realidad, no era— un satélite de la Unión Soviética. A pesar de esas circunstancias, para los Estados Unidos el tablero donde se libraba la Guerra Fría pasó a ser todo el planeta y esa circunstancia explica, en no escasa medida, por qué no tardó en arrastrar a ese conflicto a Centroamérica. A decir verdad, esta parte del continente se convertiría en escenario de la Guerra Fría inicialmente en virtud de la intervención de los Estados Unidos y, de hecho, llegaría a ser el último lugar del mundo donde se libraría tan singular combate. La entrada de Centroamérica en el enfrentamiento entre las dos grandes superpotencias tendría además lugar con anterioridad a que se creara el Pacto de Varsovia. A decir verdad, un año antes de esa fecha concluiría su primer episodio.

Antecedentes de un conflicto

Durante escasamente una década, de octubre de 1944 a junio de 1954, Guatemala atravesó una situación social caracterizada por una combinación de esperanza y sobresalto. En 1945, fue elegido presidente Juan José Arévalo, un filósofo partidario no del marxismo, pero sí de un «socialismo espiritual». Su victoria resultó indiscutible porque vino respaldada por 85% de los sufragios. Desde el principio, Arévalo impulsó un programa claramente reformista que incluyó el seguro social (1946), la fundación del Instituto Indigenista, la creación de programas de salud, la promulgación del Código de Trabajo (1947), el establecimiento de una entidad gubernamental de desarrollo (1948) y el acceso del campesinado a la tierra gracias a las tierras expropiadas a los alemanes con ocasión de la guerra mundial (1949). La movilización popular relacionada con estos pasos fue escasa, pero se produjeron tensiones con la United Fruit Company que, a su vez, inquietaron a los terratenientes. De manera bien significativa, Arévalo sufrió 25 intentos de golpe militar que transcurrieron en paralelo a una despiadada campaña de prensa en su contra, tanto en el exterior del país como en el interior. El grado de tensión que tuvo que soportar la sociedad guatemalteca puede colegirse cuando se tiene en cuenta que el coronel Arana, jefe del ejército y candidato de las oligarquías, fue asesinado. Que el crimen estuviera relacionado con un intento de abortar un golpe contra Arévalo es una hipótesis plausible aunque no esté documentada. Sin embargo, la tensión en Guatemala acababa de comenzar. A decir verdad, iría *in crescendo* en los próximos años hasta desembocar en un episodio que arrastraría a Centroamérica a la Guerra Fría.

Reformas fallidas de Arbenz[2]

El 9 de septiembre de 1954, cerca de la media noche, Jacobo Arbenz, el hasta pocas horas antes presidente de Guatemala, llegaba al aeropuerto de la capital acompañado por unas pocas personas que incluían a su esposa, María Vilanova, y a dos de sus hijos. A medida que se apresuraba a llegar a la terminal del aeropuerto, Arbenz fue objeto de los insultos de varios centenares de personas que lo odiaban por la manera en que había ejercido la presidencia. Howard Hunt,[3] uno de los operativos de la Agencia Central de Inteligencia (CIA) que había ayudado a derribar a Arbenz, reconocería años después que había sido una de las personas que habían organizado aquel comité de despedida. En realidad, casi le había bastado con esparcir el rumor de que Arbenz iba a dejar Guatemala incólume.

A pesar de todo, Arbenz fue afortunado porque, apenas unos minutos después de que saliera hacia el aeropuerto, un automóvil en el que, por razones de seguridad, se había fingido que se trasladaba voló por los aires. A esas alturas, Arbenz y su familia debían estar exhaustos. Tras su derrocamiento, habían pasado 73 días con sus noches en la embajada de México en la capital de Guatemala. Se encontraba tan atestada de refugiados que había terminado declarándose una epidemia de tifus a la vez que se expandían otras dolencias. Previamente, sobre Arbenz se habían difundido los rumores más injuriosos. De él se afirmaba que era un peón de la Unión Soviética, que había ordenado la muerte de rivales políticos, que se había llevado el dinero del Estado e incluso que era amante del secretario general del Partido Comunista Guatemalteco. Ninguna de esas afirmaciones se correspondían con la realidad, pero la CIA estaba resuelta no sólo a derribar a Arbenz sino también a romper en añicos su imagen.

El Departamento de Estado norteamericano no fue menos despiadado con Arbenz. A decir verdad, presionó a las más diversas naciones para que no le concedieran asilo. México resultó tan poco hospitalario que Arbenz incluso intentó marchar a Suiza, la nación natal de su padre. Las autoridades suizas manifestaron su voluntad de recibir a Arbenz sólo si previamente renunciaba a la nacionalidad guatemalteca. Arbenz se negó y se vio obligado a desplazarse a Francia. En París, llegó a la conclusión de que lo seguían y, cuando intentó dar una rueda de prensa explicando los acontecimientos que habían concluido con su expulsión de la presidencia, las autoridades francesas le hicieron saber que, caso de celebrarse, deportarían a su familia.

Mientras se entregaba a la bebida, Arbenz se vio sumido en un desánimo creciente, que lo acabó impulsando a encontrar asilo al otro lado del Telón de acero. Semejante paso fue aprovechado por sus enemigos para insistir en su supuesto comunismo. A decir verdad, Arbenz acabó yendo a la Unión Soviética porque ninguna nación de Hispanoamérica estaba dispuesta a recibirlo. Las presiones del Departamento de Estado eran terminantes. Finalmente, Arbenz fue acogido por Uruguay aunque bajo la condición de evitar actividades como hablar en público, enseñar, publicar e incluso trabajar. De forma bien significativa, Arbenz fue instalado en una calle donde tenía su vivienda Howard Hunt —en ocasiones coincidieron en el mismo restaurante— a la vez que era sometido a estrecha vigilancia.

En 1960, Arbenz fue invitado a ir a Cuba. El nuevo cambio de situación no funcionó. Arbenz no era comunista y tampoco estaba dispuesto a iniciar un proceso revolucionario en Guatemala que habría desembocado en una guerra civil. Para añadir más males a la trayectoria de la familia, Arabella, la hija de Arbenz, se hartó de Cuba y regresó a París. No alcanzó la felicidad. Enamorada de un conocido matador de toros, en 1965 tuvo una acalorada discusión que concluyó con Arabella disparando sobre el torero y suicidándose inmediatamente. Tenía sólo 25 años y su padre no logró recuperarse de la pérdida. Arabella fue sepultada en México y en esta misma nación se permitió afincarse a la familia Arbenz. Ni aun así encontró el sosiego. Arbenz seguía soñando con poder volver un día a Guatemala, pero en enero de 1971 falleció de manera extraña en la bañera de una habitación de hotel de México, Distrito Federal. Su viuda creería que la CIA había sido la responsable de su muerte, pero nunca pudo demostrarlo. Sin duda, la vida de Arbenz había sido una tragedia de fracaso, exilio y desgracia final e irreversible, pero su relevancia radicó no en sus características personales sino en que su periodo de gobierno fue utilizado por los Estados Unidos para convertir a Centroamérica en teatro de la Guerra Fría.

Arbenz nunca fue ni comunista ni agente de la Unión Soviética. A decir verdad, no pasó de ser un reformador que deseaba mejorar la suerte de los guatemaltecos. En junio de 1952, en un país eminentemente agrícola, Arbenz pretendió impulsar una reforma agraria que redistribuyera la tierra cultivable. Ciertamente, 70% de esta estaba en manos de tan sólo 2% de la población, pero la reforma iba dirigida contra fincas de más de 90 hectáreas, de tierras no cultivadas y además incluía la indemnización de los propietarios. A pesar de su moderación, la reforma agraria de Arbenz chocaba con una aristocracia terrateniente que venía desde la Conquista y, de manera muy especial, con los intereses de la United Fruit Company, la poderosa multinacional norteamericana. A decir verdad, la United Fruit Company no sólo poseía inmensas propiedades en Guatemala sino también casi todo el tendido ferroviario, el único puerto de importancia en el Atlántico y las líneas telefónicas. La United Fruit Company se opuso frontalmente a la expropiación de tierras no cultivadas alegando que las mantenía en reserva por si tenían lugar eventualidades no deseadas y, por añadidura, consideró que la indemnización ofrecida por el gobierno —que se correspondía con el valor de los registros de propiedad— era muy inferior a la real. Las cifras desnudas resultan, sin embargo, reveladoras. En 1953, de las tierras de la United Fruit Company 85% no eran objeto de cultivo. Arbenz decidió expropiarlas no movido por sectarismo ideológico o resentimiento social sino siguiendo las directrices del Banco Internacional de Reconstrucción y Fomento (BIRF), un antecesor del Banco Mundial, que las consideraba vitales para la producción de alimentos básicos. El valor de expropiación fue fijado por el gobierno de Guatemala en algo más de 600 000 dólares de acuerdo con la declaración fiscal de la United Fruit Company. Sin embargo, la compañía alegó que el valor real era de 15 millones de dólares —lo que la convertía en una defraudadora, según su propia confesión— y además pidió el amparo del gobierno de Washington. Semejante paso resultaría decisivo.

La United Fruit Company no era una compañía más sino que, por el contrario, contaba con una enorme influencia en Washington. Especialmente bien relacionada con la administración Eisenhower, los hermanos John Foster y Allen Dulles —antiguos abogados de la United Fruit Company y secretario de Estado y director de la CIA respectivamente— eran los amigos más poderosos de la multinacional frutera. La insistencia de los hermanos Dulles al afirmar la tesis de que Guatemala era una cabeza de puente de la Unión Soviética en América tuvo efectos inmediatos. El embajador de los Estados Unidos en Guatemala intentó sobornar a Arbenz —le ofreció dos millones de dólares— para que abrogara la reforma agraria. La negativa de Arbenz a plegarse a los intereses de la United Fruit Company dio paso a las amenazas físicas y, al final, a que los hermanos Dulles planearan su derrocamiento. Mientras el arzobispo de Guatemala llamaba abiertamente a la rebelión contra los que denominaba «comunistas», la CIA recibió autorización para organizar la operación PBSUCCESS, una invasión desde Honduras.

Por 60 000 dólares, el coronel Carlos Castillo Armas aceptó dar un golpe militar contra Arbenz. El todavía presidente hubiera podido iniciar una resistencia en las montañas, pero se negó a sumergir a la nación en una guerra civil. El 27 de junio de 1954, Arbenz se despidió del pueblo guatemalteco con una proclama radial en la que acusó a la United Fruit Company y a sus aliados en los círculos gobernantes de los Estados Unidos de lo sucedido y en la que anunció su convicción de que la causa del progreso en Guatemala triunfaría al final. Pocos guatemaltecos llegaron a escuchar aquel discurso final porque la CIA se ocupó de interferir la radio. Para Arbenz había comenzado un vía crucis que ya hemos descrito y que concluiría con su muerte en un hotel mexicano. El peculiar calvario de Guatemala iba a ser más prolongado. En 1997 se revelaría que en enero de 1952 la CIA había comenzado a elaborar un plan cuya finalidad era asesinar a los principales —al menos 58— miembros de la administración Arbenz. En uno de los documentos desclasificados titulado *A Study of Assassination* (Un estudio de asesinato) incluso se señalaban los distintos instrumentos que podrían utilizarse para dar muerte a los guatemaltecos. El hecho de que los nombres de los potenciales asesinados fueran borrados cuando se desclasificó el documento no permite saber hasta qué punto los planes fueron ejecutados con éxito.

En los Estados Unidos, se anunció que, conjurado el peligro comunista, Guatemala se iba a convertir en un escaparate de la democracia. Si eran o no sinceras las afirmaciones puede ser objeto de discusión, lo que sí resulta irrefutable es que, tras el golpe, Guatemala se vio sometida a las acciones de una terrible dictadura militar. De entrada, Castillo Armas detuvo a unas 4000 personas con el pretexto de que eran comunistas. Ninguno pertenecía al Partido Comunista aunque sí es cierto que eran partidarios de la reforma agraria y creían en la necesidad de proteger legalmente a los trabajadores. Se trataba sólo del inicio porque la CIA ayudó al nuevo dictador a elaborar una *lista negra* que incluyó 70000 nombres, es decir, en torno a 10% de los adultos guatemaltecos. En agosto de 1954 Castillo Armas promulgó el decreto 59 que le otorgaba la facultad de arrestar a los consignados en la lista negra y mantenerlos detenidos durante medio año sin proceder a juzgarlos.

Pronto las matanzas llevadas a cabo por Castillo Armas se extendieron al campo, creando un terrible precedente para lo que serían los escuadrones de la muerte posteriores. Sólo en la de Tiquisate, un centro de reivindicaciones, un millar de campesinos que trabajaban para la United Fruit Company y para otros patronos fueron detenidos y ametrallados. Guatemala no estaba conociendo la democracia. Por el contrario, se había visto arrastrada a la Guerra Fría porque una multinacional había sentido amenazados sus intereses por una reforma agraria. Lo que vino a continuación se pareció enormemente al esquema derivado de la Conquista. Los terratenientes se vieron apoyados por el poder militar y legitimados por la Iglesia católica, que había recuperado sobradamente los espacios de dominio perdidos durante el periodo de las reformas liberales. Con el respaldo mayor o menor de los Estados Unidos las oligarquías no sólo mantuvieron un orden que ya tenía siglos sino que además lo hicieron de una manera en que, también como la época de la Conquista, la violencia despiadada y la represión de cualquier disidencia se convirtieron en normativas.

El fenómeno no se limitaría a Guatemala. A decir verdad, pronto el proceso de desgarro social se extendería por toda Centroamérica. De manera muy reveladora, aquella acción exterior de los Estados Unidos no convencería a todos del peligro soviético, aunque sí llevaría a muchos, de manera trágicamente errónea, a ver el comunismo como una solución y una esperanza frente a la injusticia de siglos. Entre ellos se encontraría un joven argentino, testigo del fracaso de Arbenz, llamado Ernesto Guevara.[4]

Notas

[1] B. Sokolov, *The Role of the Soviet Union in the Second World War. A Re-Examination*, Solihull, Helion and Company, 2013, pp. 67-80, ha argumentado con información bien documentada que en realidad la URSS habría tenido 28.96 millones de combatientes muertos, mientras los civiles fallecidos sobrepasarían los 13 millones, así, las pérdidas humanas sufridas por los soviéticos serían de 43.45 millones de personas durante la Segunda Guerra Mundial. Una visión más conservadora sobre el tema es la de V. M. Zubok, *A Failed Empire. The Soviet Union in the Cold War from Stalin to Gorbachev*, Chapel Hill, UNCP, 2007, pp. 1 y ss. Zubok establece el número de muertos en 26.6 millones de personas, aunque reconoce que esa cifra es discutible.

[2] Acerca de Arbenz, véase de manera especial: S. Schlesinger y S. Kinzer, *Bitter Fruit. The Story of the American Coup in Guatemala*, Cambridge y Londres, HUP, 2005, y M. Toledo, *La Revolución de Guatemala, 1944-54*, Guatemala, Editorial Universitaria, 1971. Un análisis de su reforma agraria en J. García Añoveros, *La reforma agraria de Arbenz en Guatemala*, Madrid, Instituto de Cultura Hispánica, 1987.

[3] Sobre Howard Hunt, un agente implicado posteriormente en el caso Watergate, véase T. Szulc, *Compulsive Spy. The Strange Career of E. Howard Hunt*, Nueva York, Viking, 1974. El mismo E. Howard Hunt dejaría su testimonio en *Give Us This Day*, Nueva Rochelle, Nueva York, Arlington House, 1973, y *Undercover. Memoirs of an American Secret Agent*, Nueva York, Berkley, 1974.

[4] Como si se tratara de una inacabable tragedia griega, en 1957 el dictador Castillo Armas cayó asesinado a manos de uno de sus guardias palaciegos. En 2004, María Leonora, la otra hija de Jacobo Arbenz, siguiendo el ejemplo de su hermana y tras quejarse de ser perseguida constantemente, se quitó la vida.

CAPÍTULO VII

La Guerra Fría se extiende por Centroamérica

Final de las esperanzas

Para muchos la Guerra Fría evoca imágenes como el Muro de Berlín, las patrullas de las cuatro potencias vencedoras de la Segunda Guerra Mundial recorriendo Viena o las novelas de John Le Carré. La realidad es que el conflicto se libró en casi todo el globo y en un punto tan lejano de Europa como Centroamérica iría vinculado a una especial dureza, a decir verdad, más honda y prolongada que, por ejemplo, la que tuvo como escenario la Europa Central y del Este. No sólo eso. Centroamérica seguiría viviendo las consecuencias de la Guerra Fría mucho tiempo después de que esta concluyera. La brusca entrada en el conflicto vendría antecedida además por la quiebra de las esperanzas surgidas durante el periodo rooseveltiano del «buen vecino».

En 1944 la caída de Hernández Martínez en El Salvador hubiera podido abrir puertas a la esperanza política de no ser porque fue sustituido por Osmín Aguirre, su jefe de policía. En 1949 el coronel Óscar Osorio accedió al poder a la cabeza de un gobierno militar. La meta de Osorio era, al parecer, la creación de un partido que propiciara una dictadura perfecta como la perfilada por el Partido Revolucionario Institucional (PRI) en México.

En Honduras, Tiburcio Carías se retiró del poder en 1948 siendo sucedido por el doctor Juan Manuel Gálvez, un jurista que había estado a cargo de varias carteras ministeriales y ejercido como abogado de las compañías fruteras. En esa época, Honduras era la nación de Hispanoamérica con mayor tasa de analfabetismo, sólo detrás de Haití, así como la más pobre de Centroamérica. Aunque con innegables vinculaciones con las oligarquías, Gálvez dio algunos pasos como la creación del Banco Central de Honduras —ahora Banco Nacional de Desarrollo Agrícola (Banadesa)—, la racionalización del impuesto sobre la renta y la oficialización del lempira como moneda nacional. A todo lo anterior hay que sumar el esfuerzo por mejorar las comunicaciones, llevar el agua potable a numerosas poblaciones, impulsar las exportaciones cafetaleras o legalizar el sindicalismo. Incluso, como nota curiosa, hay que señalar que el doctor Gálvez se preocupó por extender la práctica del béisbol en Honduras. Con todo, seguramente Gálvez no pudo ir más allá de lo que era. A pesar de que sería recordado como uno de los mejores presidentes hondureños, lo cierto es que reprimió a los sindicalistas en el curso de la huelga de los trabajadores bananeros de la costa norte y, sobre todo, no dudó en colocarse a las órdenes de la administración norteamericana para derrocar al presidente guatemalteco Jacobo Arbenz, episodio al que ya nos hemos referido. Gálvez abandonó el poder en noviembre de 1954 alegando razones de salud. Dos años después, se convertiría en presidente de la Corte Suprema de Justicia y con el tiempo su efigie aparecería en el billete de 50 lempiras.

En 1954, Ramón Villeda Morales, candidato del Partido Liberal, derrotó electoralmente a Tiburcio Carías. Sin embargo, no pudo gobernar ya que el resultado electoral fue sofocado por la fuerza. Sólo en 1957 Villeda Morales, que se había exiliado, pudo regresar y asumir las riendas del poder. Sus intenciones eran moderadamente reformistas e incluían el impulso de las obras públicas y de la seguridad social y la puesta en marcha en 1962 de una reforma agraria que afectaba sólo a las tierras no cultivadas. Al año siguiente y no por casualidad, un golpe militar —ya había existido en 1959 otro intento— derribó a Villeda Morales.

Confirmación de que poco cambiaría hacia la buena dirección en Centroamérica fue además la permanencia de Anastasio Somoza García en el poder. Sostenido en lo que se llamó la política de las tres P: «plata para los amigos, palo para los indiferentes, plomo para los enemigos» Somoza logró que Nicaragua fuera la única nación de la zona en la que un dictador no sucedió a otro sino que el que ya había gobernado durante los años de la Segunda Guerra Mundial siguió dominando la situación. Somoza hubiera podido impulsar el desarrollo de Nicaragua siquiera por la estabilidad de la nación y por la expansión que experimentó el cultivo de algodón. Prefirió, sin embargo, labrarse una gigantesca fortuna mediante el sencillo expediente de confundir el Estado con los intereses de su familia. El mismo Somoza pronunciaría frases como: «Que yo sepa sólo tengo una hacienda y se llama Nicaragua», o: «¿Yo, presidente de Nicaragua? ¡Nicaragua es mía!». Tan obvio era semejante estado de cosas que cuando el 21 de septiembre de 1956 Somoza sufrió un atentado en la ciudad de León a manos del poeta Rigoberto López López muriendo pocos días después en la zona del canal de Panamá —el presidente Eisenhower le envió a su médico personal— el sucesor en el poder fue su hijo Anastasio Somoza Debayle.

La única excepción —relativa— a esta disolución de esperanzas en el océano de la cruda realidad fue Costa Rica. En mayo de 1948, una junta presidida por José Figueres Ferrer asumió el poder con el compromiso de concluir la guerra civil que asolaba la nación y mantenerse en este sólo 18 meses. Durante ese breve periodo el gobierno asumió una visión reformista que quedó recogida, siquiera en parte, en la Constitución de 1949. Lo más llamativo de la misma fue, sin duda, la supresión del ejército, un paso que dificultaba considerablemente el mantenimiento de la red de dictaduras clientelares de Centroamérica. El resto de las reformas —que se llevarían a cabo de manera muy paulatina— tendría que esperar hasta mediados de la década de los años 50 ya durante la primera presidencia constitucional de Figueres (1953-1958). Figueres no pudo evitar que la nación se viera arrastrada por las olas de la Guerra Fría y desarrolló una política de persecución sindical y de deportación de opositores, pero esa circunstancia no perjudicó a Costa Rica. Por el contrario, el carácter anticomunista de los dirigentes costarricenses y la ausencia de choque con los Estados Unidos libraron a las reformas de presiones exteriores y proporcionaron una clara estabilidad al sistema. Que este no se libró de la corrupción ni del clientelismo es cierto, pero, desde muchos puntos de vista, Costa Rica se fue acercando a una democracia formal a mayor velocidad que el resto del subcontinente.

De la «guerra del futbol» a la Alianza para el Progreso

En 1960 Guatemala, Honduras, el Salvador, Nicaragua y Costa Rica —que ingresó formalmente en 1963— suscribieron el tratado que creaba una zona de libre comercio. Los efectos de semejante paso resultaron fulminantes. Durante el resto de la década, el comercio dentro de Centroamérica se multiplicó por siete. Por añadidura, aparecieron industrias en todas las naciones con la excepción de la pobre Honduras. Entonces, en 1969, estalló una guerra entre esta nación y El Salvador que debe atribuirse fundamentalmente a las tensiones económicas, pero que algunos relacionaron sobre todo con el enfrentamiento balompédico entre las selecciones de ambas repúblicas. En apariencia, el conflicto habría tenido lugar a consecuencia del partido que el 26 de junio de 1969 se jugó por la eliminatoria de la copa mundial de futbol de 1970. La realidad del choque se debió a razones más profundas y graves que el balompié.

En los meses anteriores al conflicto había comenzado a operar en Honduras un escuadrón clandestino que tenía el nombre de la *Mancha brava* y que se dedicaba, sobre todo, a sembrar el terror entre los inmigrantes salvadoreños —más de un cuarto de millón— que trabajaban en las plantaciones e incluso habían abierto negocios. El Salvador, la nación con mayor densidad demográfica de Centroamérica, había logrado hasta entonces dar salida a una población considerablemente numerosa hacia Honduras, que contaba con un territorio más extenso.

La citada situación podía beneficiar a El Salvador que aminoraba la presión social creada por su población, pero especialmente desde 1969 se convirtió en un problema potencial nada desdeñable. La existencia de grandes masas de campesinos sin tierras, la inquietud de los terratenientes temerosos de disturbios sociales y la violencia creciente llevaron al presidente Osvaldo López Arellano a impulsar una reforma agraria que no afectara los intereses de los grandes terratenientes, incluida, por supuesto, la United Fruit Company que era dueña de 10% de la tierra hondureña. A la hora de expropiar tierras para entregárselas a los campesinos hondureños, el gobierno optó por desposeer de ellas a inmigrantes salvadoreños —en ocasiones, con una permanencia de generaciones en Honduras— que las habían labrado con su esfuerzo y, a la vez, fue expulsando a los braceros de la misma nacionalidad. El éxodo de los salvadoreños no sólo se caracterizó por la victimización de inocentes sino, de manera fundamental, por la manipulación que de la situación realizaron ambos gobiernos —considerablemente respaldados por los medios de comunicación—, más que dispuestos a utilizar la crisis para desviar la atención de graves problemas internos. Al final, la tolerancia mostrada por el gobierno hondureño hacia los crímenes de la Mancha Brava llevó al gobierno de El Salvador a intervenir en Honduras.

El 14 de julio de 1969 las tropas salvadoreñas entraban en Honduras capturando la guarnición fronteriza de Ocotepeque. La respuesta hondureña consistió en lanzar algunos bombardeos. Por última vez en la historia los dos contendientes utilizarían aviones de pistón y hélice. La Organización de los Estados Americanos (OEA) intervino enseguida y negoció un alto al fuego la noche del 18 de julio que entró en vigor dos días después. La guerra, sin embargo, acabaría dejando secuelas durante décadas. Así, el Tratado General de Paz de Lima, suscrito el 30 de octubre de 1980, abrió camino a que Honduras pasara a controlar unos 450 kilómetros cuadrados —Los Bolsones— en perjuicio de El Salvador. Con todo, lo peor de aquella breve guerra fue —aparte de los dramas humanos sufridos por los salvadoreños deportados— que significó el final de la zona de libre comercio centroamericana así como la supuesta legitimación del peso desmesurado que las fuerzas armadas tenían en el gobierno de ambas repúblicas. En 1971, Honduras abandonó formalmente el Mercado Común Centroamericano (Mercomún). A esas alturas ya había indicios sobrados de que el desarrollo de los años sesenta había distado notablemente de ser un éxito para todos. Por el contrario, procesos que podían haber sido beneficiosos como el de la creciente urbanización se tradujeron en nuevos problemas de no escasa gravedad, entre los que se encontraron el crecimiento desordenado de las ciudades, la falta de viviendas, el aumento de la delincuencia y la criminalidad y la ausencia de servicios públicos indispensables como la sanidad o el transporte.

La Alianza para el Progreso, impulsada por el presidente Kennedy en 1961, intentó aunar el crecimiento económico con algunos cambios, especialmente en el campo, así como con la democratización de las instituciones. El proyecto se movía a impulsos de la *realpolitik* que había descubierto el peligro que podía significar para la estabilidad del continente el triunfo de una revolución cubana que había pasado con acelerada rapidez de sublevación popular contra una dictadura semejante a las centroamericanas a dictadura comunista. Se trataba, pues, de una respuesta frente a la revolución comunista, pero de una respuesta inteligente que se percataba de que la democratización y el avance social eran indispensables para evitar una serie continua de convulsiones políticas y sociales en todo el subcontinente. Sin embargo, si la administración Kennedy captó la necesidad de llevar a cabo concesiones, la sensatez de esa visión no fue compartida por las oligarquías centroamericanas. Por el contrario, estas habían llegado a la conclusión de que cualquier cesión era inaceptable y que además habían encontrado la clave para lograr el respaldo norteamericano para su inmovilismo. Consistía esta táctica, fundamentalmente, en valerse de la represión para ahogar cualquier intento de reformas, presentando a los que las demandaban como comunistas. No puede negarse el éxito de ese planteamiento que fue aceptado, en general, por las distintas administraciones norteamericanas con facilidad y tampoco puede ocultarse que, en el curso de los años setenta, la subversión fue golpeada con el rigor suficiente como para considerarla prácticamente desmantelada. Como en la época de la Conquista, las castas privilegiadas apoyadas en la espada lograron imponerse sobre la inmensa mayoría de la población. También como en la época de la Conquista, la Iglesia católica legitimó la represión y gozó de la confianza de las oligarquías.

A decir verdad, una década que tendría que haberse caracterizado por un cierto avance social como el que preconizaba la Alianza para el Progreso vino marcada más bien por una sucesión de fracasos. La enumeración, por muy escueta que resulte, no deja de ser altamente reveladora. En octubre de 1960, en El Salvador, una junta cívico-militar intentó impulsar una política reformista; el mes de enero del año siguiente había sido derribada por un golpe militar. En Honduras, López Arellano encabezó un gobierno caracterizado por la represión entre 1963 y 1970; a inicio de la década de los setenta pareció que se produciría un cambio gracias al reparto de algunas tierras que no pertenecían ni a los terratenientes ni a las compañías extranjeras, sin embargo, no fue mucho más que un espejismo: la corrupción, la falta de voluntad política y las presiones habían abor-

tado el proceso reformista antes de llegar a finales de los años setenta; incluso el objetivo de consolidar una democracia formal fracasó. Con la salvedad matizada de Costa Rica, las victorias electorales
no se tradujeron en la entrega del poder a la oposición salvo que
mediara un pacto de oligarquías. Al respecto, las elecciones guatemaltecas de 1944 y 1950 y las hondureñas de 1957 fueron sólo
la excepción que confirma la regla. El resultado directo de las acciones de una oligarquía cerril que prefería la represión a pensar
con visión de futuro y unas administraciones norteamericanas que
estaban dispuestas a aceptar sus conclusiones más que discutibles
dentro de una visión totalmente tintada por la Guerra Fría fue el
estallido de un conjunto de revueltas que derivaron en guerras civiles y que no llevaron, por desgracia, a la reflexión sino a la confirmación de presupuestos asumidos de manera previa e interesada.

CAPÍTULO VIII

Último escenario de la Guerra Fría (I)

Insurrección y guerra civil (I): primeros brotes

La guerrilla no apareció, como algunos se empeñaron en decir, a finales de los años ochenta y a consecuencia del triunfo de la revolución sandinista en Nicaragua. A decir verdad, ya había hecho acto de presencia con anterioridad en la década de los sesenta, especialmente en naciones como Guatemala y Nicaragua. Para acabar con esa actividad resultó esencial la existencia del Consejo de Defensa Centroamericana (Condeca) en el que entraron en 1963 Guatemala, Honduras y Nicaragua; en 1965, El Salvador; en 1966, Costa Rica y en 1973, Panamá. La asesoría de los Estados Unidos y la labor de Anastasio Somoza Debayle contuvieron de manera eficaz a la guerrilla durante un tiempo. Sin embargo, no lograron sofocarla totalmente y mucho menos evitar que disfrutara de un cierto aliento popular. A decir verdad, para no pocos centroamericanos la guerrilla se convirtió en la única alternativa política frente a dictaduras con vocación de perpetuidad y procesos electorales viciados.

A pesar de todo, es posible que la guerrilla no hubiera logrado pasar de ser una molestia si no hubiera contado con el asesoramiento de Fidel Castro. Decidido a exportar la revolución al continente, de seguro mucho más allá de lo que la Unión Soviética consideraba prudente, Castro logró convencer a los distintos movimientos guerrilleros de que su fragmentación era un grave obstáculo para la victoria y de que deberían unirse como único camino hacia el triunfo. Que en su interior estuvieran comunistas, compañeros de viaje, desengañados del sistema o, de manera muy especial, católicos[1] que

orbitaban hacia soluciones marxistas no debía considerarse una circunstancia negativa sino todo lo contrario. Como consecuencia de
ese asesoramiento —al que se sumaron los suministros de armas—
en 1975 resurgió un movimiento guerrillero en Guatemala después
de su espectacular derrota en torno a 1970; en El Salvador, el Frente
Farabundo Martí[2] se convirtió en un paraguas para buena parte de
las fuerzas opositoras, y en 1979 el Frente Sandinista de Liberación
Nacional (FSLN)[3] derrocó a Somoza tras primero unificar sus corrientes y después al recibir el apoyo popular derivado de la ira que
causó el asesinato del periodista opositor, el liberal Pedro Joaquín
Chamorro. Empezaba un nuevo periodo de convulsiones que du-
raría algo más de una década y que convertiría a Centroamérica en
el último escenario de la Guerra Fría.

Insurrección y guerra civil (II): la victoria de la revolución

En 1979 sucedió lo que muchos creyeron que nunca sería posible: la
dictadura de la familia Somoza fue desalojada del poder en Nicaragua. El proceso se había extendido durante dos décadas. En 1959,
no sólo Fidel Castro había entrado en La Habana sino que en el
norte de África se había constituido el Frente de Liberación Nacional de Argelia, que acabaría logrando la independencia de este
país africano y la derrota de Francia. Apenas unos meses antes, en
octubre de 1958, Ramón Raudales había iniciado unas acciones guerrilleras, pero, en junio del año siguiente, el ejército de Honduras en
coordinación con los servicios de inteligencia nicaragüenses aplas-
taron a los guerrilleros en El Chaparral. Tras esa derrota, se produjo
una serie de combates en los que fueron cayendo uno tras otro los
dirigentes principales de la guerrilla. Por añadidura, la oposición al
régimen, mayoritariamente de inspiración comunista, se reveló incapaz de crear un frente unido antisomocista. De hecho, fue hasta
inicios de la década siguiente que se articuló una nueva acción nicaragüense en torno a Edén Pastora[4] quien estableció el movimiento
guerrillero Frente Revolucionario Sandino en Las Segovias. También a inicios de 1961, el Movimiento Nueva Nicaragua (MNN) estableció su base en Managua, Estelí y León aunque su cuartel general

estaba en Honduras. De manera bien significativa, su primer acto público tuvo lugar, en marzo de 1961, en apoyo de la revolución cubana. Finalmente, el MNN se disolvió para dar paso al Frente Sandinista de Liberación Nacional (FSLN) cuyo nombre dejaba claramente de manifiesto la influencia siquiera sentimental del Frente de Liberación Nacional de Argelia. Como el propio Carlos Fonseca,[5] fundador del FSLN, contaría con posterioridad, el Frente no nació de «una asamblea o de un congreso» sino del pragmatismo. La referencia a Sandino —que provocó el abandono de alguno de los fundadores más claramente identificados con el comunismo— obedecía de manera fundamental a un oportunismo, desarrollado ya en un inicio por Carlos Fonseca, que pretendía leer la experiencia de Sandino como un simple episodio de la lucha antiimperialista, pero inyectando en él lo que el guerrillero asesinado nunca defendió: el marxismo.

Los primeros comunicados firmados como Frente Sandinista de Liberación Nacional aparecieron en los meses de septiembre y octubre de 1963. En noviembre de ese mismo año, en una entrevista a Fonseca publicada en la revista mexicana *Siempre!*, aparece por primera vez de manera casi oficial el nombre de Frente Sandinista de Liberación Nacional. A pesar de todo, la referencia fundamental del Frente Sandinista era la revolución cubana y más incluso que esta la manera en que Castro usufructuó su triunfo a partir de los años 1960 y 1961 cuando declaró que era socialista. En 1968, Julio Buitrago, responsable de la lucha clandestina en las ciudades, afirmó que su meta era alcanzar una situación como la que había contemplado en la Cuba socialista. De hecho, desde 1962, los sandinistas, sin reparar en lo específico de Nicaragua, intentaron copiar el proceso militar llevado a cabo por Castro y el Che Guevara[6] en Cuba. En teoría, la insurrección campesina impulsada por la guerrilla significaría el final del somocismo.

Por desgracia para los sandinistas, una cosa era el mito de la guerrilla cubana y otra bien distinta la realidad. A pesar del entrenamiento cubano y de haber participado en episodios como Bahía de Cochinos, lo cierto es que los sandinistas no pudieron evitar las victorias de la Guardia Nacional en Río Coco, Río Bocay y Pancasán, que estuvieron a punto de aniquilar al Frente Sandinista. Bien elocuente resulta que, en casi dos décadas, el Frente Sandinista no lograra controlar una sola zona de Nicaragua. De hecho, el peligro que representaba el Frente Sandinista fue considerado por el somocismo de tan escasa relevancia que cuando Carlos Fonseca cayó en sus manos no acabó en prisión y mucho menos en el paredón sino que fue deportado tras un proceso que aprovechó para hacer publicidad. No muchos años antes un autocomplacido dictador, el cubano Batista se había comportado de manera similar con un joven revolucionario llamado Fidel Castro.

En apariencia, sin embargo, el somocismo no se equivocaba. El 27 de agosto de 1967, por ejemplo, los guerrilleros sandinistas fueron aniquilados en lo que se denominaría la Gesta de Pancasán. Sin embargo, el Frente Sandinista supo presentar cada nuevo revés militar como un ejemplo moral que contribuyó a extender su popularidad. En 1969 el FSLN publicó un programa de 14 puntos lo suficientemente reformista y, a la vez, ambiguo —¿quién podría pensar que el ejército que sustituiría a la Guardia Nacional sería de los sandinistas y no de la nación?— como para resultar aceptable. En efecto, de 1970 a 1974, el FSLN lanzó la consigna de acumulación de fuerzas, que pretendía ampliar la base de lucha contra el somocismo sin dejar de mantener el control. El entrenamiento corrió a cabo de los cubanos y de los palestinos de Al Fatah y permitió que, por ejemplo, la noche del 27 de diciembre de 1974 un grupo de sandinistas atacara la vivienda de José María Castillo, importante figura de la dictadura somocista precisamente cuando se celebraba una fiesta en homenaje al embajador de los Estados Unidos en Nicaragua, Turner B. Shelton. En el curso de la acción se dejó en libertad a los diplomáticos extranjeros, pero no a las personalidades nicaragüenses. Con seguridad, esta circunstancia explica que la dictadura aceptara las condiciones de los sandinistas y todo terminara en un éxito para los asaltantes.

El FSLN había vuelto y ya no dejaría de avanzar. En paralelo, Castro conseguiría que las tres corrientes del FSLN —el FSLN GPP o Guerra Popular Prolongada, de inspiración guevarista defensor del foquismo; el FSLN Proletario, de inspiración castrista; el FSLN Insurreccional o Tercerista en el que había una importante presencia católica y de otros grupos de oposición— se unieran sin fisuras como condición indispensable para alcanzar la victoria. La misma muerte en combate, el 7 de noviembre de 1976, de Carlos Fonseca no impidió esa circunstancia. De hecho, el FSLN se sintió tan fuerte que, a finales de 1977, lanzó una ofensiva urbana.

La denominada «ofensiva de octubre» se dirigió contra cuarteles de la Guardia Nacional. Aunque en un primer momento pudo parecer que los sandinistas mantendrían los éxitos iniciales, lo cierto es que la Guardia Nacional se impuso. Con todo, a pesar de la derrota, los sandinistas lograron transmitir la idea de que el somocismo no era invulnerable y podía ser atacado incluso en los centros urbanos. Con todo, el acontecimiento que acabó provocando el apoyo de amplios segmentos de la población a la lucha antisomocista fue el asesinato en 1978 de Pedro Joaquín Chamorro, el director del periódico *La Prensa*. Conocido opositor de la dictadura, Chamorro era un liberal que no podía ser tachado de comunista ni de instrumento de la URSS. Era sólo un valiente periodista decidido a que los abusos de la dictadura no se perpetuaran y a dar voz a los que no la tenían. Lo pagó con la vida.

El asesinato de Chamorro sembró el malestar entre las clases medias y empresariales y vino unido a la convicción de que detrás del crimen sólo podía estar Somoza. En ese clima, un comando de la fracción FSLN Insurreccional tomó, el 22 de agosto, el Palacio Nacional del Congreso cuando estaba reunido en sesión conjunta. Así unas 3 000 personas se convirtieron en rehenes. Al frente de la audaz operación se hallaba Edén Pastora quien, años después, se enfrentaría con sus antiguos compañeros sandinistas. Una vez más, Somoza aceptó las condiciones de los sandinistas —la liberación de presos políticos entre los que se encontraba Tomás Borge, la publicación de comunicados, la entrega de medio millón de dólares y la salida del comando al extranjero— demostrando que era agudamente sensible a las presiones de las castas privilegiadas del régimen y entregando otra vez una baza propagandística a los sandinistas. Una nueva ofensiva desencadenada en septiembre acabó saldándose con una derrota militar, pero también con un nuevo impulso en favor de los sandinistas. Fue así como se llegó a la denominada ofensiva final.

La idea de la ofensiva final forma parte de la mitología de la revolución cubana —no sólo de ella— y estaba llamada a tener una nada escasa influencia en los movimientos guerrilleros de Nicaragua y El Salvador. En marzo de 1979, por inspiración directa de Fidel

Castro, se procedió a la unificación de las tres distintas facciones guerrilleras. Después el FSLN constituyó varios frentes con los nombres de compañeros muertos y en junio realizó un llamamiento para la ofensiva final.

El plan era que, combatiendo a la Guardia Nacional y convergiendo sobre la capital, la suma de una huelga general y de las acciones armadas sacudiría el somocismo hasta sus cimientos. Cuando la insurrección se extendió por las localidades de Estelí, Matagalpa, Chinandega, León, Managua, Masaya, Carazo y Riva, la respuesta de Somoza fue bombardearlas. Consideraciones morales aparte, aquella conducta constituía una terrible torpeza que en nada podía contribuir a afianzar la dictadura. De ello se percataron los Estados Unidos que intentaron neutralizar el avance sandinista mediante la interposición de tropas de la Organización de los Estados Americanos (OEA). Sin embargo, el intento norteamericano no logró el suficiente respaldo diplomático de las naciones de Hispanoamérica. Tampoco consiguió que prosperara el plan de asentar tropas en Costa Rica alegando razones humanitarias. Ni siquiera salió adelante el plan de negociar con el FSLN para crear una Junta de Gobierno de Reconstrucción Nacional.

Las negativas repetidas a respaldar las iniciativas de los Estados Unidos resultaban claramente reveladoras. De hecho, los sandinistas eran conscientes de que la victoria estaba al alcance de la mano y veían claros paralelos entre lo que estaba sucediendo y el triunfo de la revolución cubana. No se equivocaban. Como antes había sucedido con Batista en Cuba, ahora los Estados Unidos instó a Anastasio Somoza a abandonar la presidencia de Nicaragua.

Sustituido Somoza por el presidente del Congreso Nacional, Francisco Urcuyo —que exhortó al FSLN a deponer las armas—, los sandinistas acentuaron aún más la ofensiva. Al fin y a la postre, Urcuyo abandonó el país y, el 19 de julio de 1979, al entrar el FSLN en la capital —otro paralelo interesante con la revolución cubana— la Guardia Nacional se desplomó. Los sandinistas no habían contado con personajes carismáticos como Fidel Castro, Camilo Cienfuegos o Ernesto *Che* Guevara, pero habían repetido, con éxito, un esquema muy similar al de la revolución cubana. Esa repetición del paradigma castrista —que nadie, ni siquiera el Che, había logrado— lanzaba un mensaje más que evidente: el triunfo de la revolución era posible.

Revoluciones y guerras civiles

La década de los años ochenta —una década políticamente dilatada porque se extendió hasta bien entrada la siguiente— estuvo marcada en Centroamérica por el estallido de distintos procesos revolucionarios que derivaron en guerras civiles. Cuando concluyó, los resultados no se parecían a los que habían deseado los principales protagonistas, pero nadie podría negar que en esa zona del mundo se habían librado las últimas batallas de la Guerra Fría con resultados no pocas veces pavorosos.

En ese enfrentamiento, a un lado se encontraban los sandinistas y otras guerrillas que deseaban repetir su éxito. Todos ellos disfrutaron de la ayuda directa y, en no pocos casos, esencial de la Cuba castrista,[7] aunque el papel representado por la Unión Soviética no parece tan claro. Al otro lado se encontraban los Estados Unidos, que contemplaron las acciones como un intento de la Unión Soviética de contar con una cabeza de puente en el continente americano y que no dudaron en respaldar a todos aquellos dispuestos a enfrentarse a Cuba, a la Nicaragua sandinista y a sus aliados.

La manera en que los distintos episodios se manifestaron varió ligeramente de país en país. En el Salvador tuvo lugar una guerra civil de baja intensidad en la que se enfrentó una guerrilla, en cuya unificación —como en Nicaragua— había sido esencial la intervención cubana contra los gobiernos —autoritarios o reformistas— que se fueron sucediendo. También como en el caso de Nicaragua tuvo además un enorme papel en la revolución la existencia de grupos católicos que, identificados con la teología de la liberación, se sumaron a ella incluso a la hora de perpetrar acciones violentas.[8]

En Guatemala, la agudización de la insurrección tuvo lugar entre 1978 —cuando los sandinistas se preparaban para la ofensiva final— y 1983. El papel de los indígenas en el caso guatemalteco sería especialmente acentuado y presentaría paralelos con episodios insurreccionales previos.

Panamá se vio libre de la revolución y la guerra. Por añadidura, en 1977 los presidentes Carter y Torrijos —partidario este de una dictadura suave que inspiró la visión política del español Felipe González y que se basaba especialmente en el control de los medios de comunicación— firmaron los Tratados del Canal que devolvían a la soberanía panameña lo que siempre había sido un trozo de su territorio. Los años 1978 y 1979 fueron testigos de forcejeos en el legislativo para que los Tratados no quedaran estancados, todo ello con el trasfondo de una Nicaragua donde el somocismo, como ya vimos, se tambaleaba a pasos agigantados.

El caso nicaragüense presentaría características peculiares. A diferencia de lo que sucedería en otros lugares, en Nicaragua la revolución triunfó. No se trataba, pues, de obtener una victoria revolucionaria sino de mantenerla contra las amenazas internas y externas. Como en otras revoluciones anteriores, ambos extremos se unieron. Los nicaragüenses contrarios al sandinismo —los famosos *contras*[9]— recibirían apoyo de los Estados Unidos en uno de los últimos —y encarnizados— episodios de la Guerra Fría. Sin embargo, paso a paso, los apoyos que disfrutaban ambos bandos fueron aumentando. Mientras que la administración Reagan se implicaba cada vez más en la lucha contra los sandinistas, estos comenzaron a recibir el respaldo del bloque soviético y el de un grupo nada desdeñable de naciones del Tercer Mundo. Por añadidura, tanto la Comunidad Económica Europea —cuyas naciones eran mayoritariamente miembros de la Organización del Tratado del Atlántico Norte (OTAN)— como distintos países de Hispanoamérica, entre ellos Colombia, México o Venezuela, insistieron en no seguir la política de la Casa Blanca logrando así impedir una invasión de Nicaragua. Sobre esta división en bandos planeó además un fenómeno que ayudó a no pocos a simpatizar con los sandinistas. Nos referimos, claro está, a la crisis de la deuda hispanoamericana en 1982. Semejante episodio todavía agravó más las pésimas condiciones creadas por la guerra, pero también pareció dotar de legitimidad a las cosmovisiones revolucionarias. A estos aspectos nos referiremos en el siguiente capítulo.

Notas

[1] En ese sentido se manifestó Francisco Altschul, embajador de El Salvador en Washington en entrevista con el autor de 20 de octubre de 2015.

[2] Sobre la guerra civil en El Salvador, véase R. Benítez Mataút, *La teoría militar y la guerra civil en el Salvador*, San Salvador, UCA Editores, 1989; R. Benítez Mataút, L. Lozano y L. Bermúdez, *La guerra de baja intensidad en Centroamérica*, Madrid, Revolución, 1987; M. Boot, *The Savage Wars of Peace. Small Wars and the Rise of American Power*, Nueva York, Basic Books, 2003; C. R. Cabarrús, *Génesis*

de una revolución. *Análisis del surgimiento y desarrollo de la organización campesina en El Salvador,* México, CIESAS, 1983 (Ediciones de la Casa Chata, 16); Comisión de la Verdad, *De la locura a la esperanza. La guerra de doce años en El Salvador. Informe de la Comisión de la Verdad para El Salvador,* San Salvador, Comisión de la Verdad, 1993; J. Dunkerley, *The Long War: Dictatorship and Revolution in El Salvador,* Londres, Verso, 1985; *Hablan los desmovilizados de guerra. Nicaragua, El Salvador y Mozambique,* Managua, CEI-Programa de Educación y Acción para la Paz, 1995; M. Harnecker, *Pueblos en armas,* México, Era (Popular), 1984; M. Harnecker, *Con la mirada en alto. Historia de las* FPL *Farabundo Martí a través de sus dirigentes,* San Salvador, UCA Editores, 1992; K. Kampwirth, *Women and Guerrilla Movements: Nicaragua, El Salvador, Chiapas, Cuba,* University Park, Pennsylvania, The Pennsylvania State University Press, 2002; M. G. Manwaring, y C. Prisk, *El Salvador at War. An Oral History of Conflict from the 1979 Insurrection to the Present,* Washington, National Defense University Press, 1988; M. McClintock, *The American Connection. Volume I: State Terror and Popular Resistance in El Salvador,* Londres, Zed Books, 1985; R. Menjívar Larín, «El Salvador: The Smallest Link», en *Revolutionary Strategy in El Salvador,* Londres, Tricontinental Society, 1981, pp. 3-10; R. Menjívar Ochoa, *Tiempos de locura. El Salvador, 1979-1981,* 2ª ed. aumentada, San Salvador, Flacso, 2006; J. A. Moroni Bracamonte, y D. E. Spencer, *Strategy and Tactics of the Salvadoran* FMLN *Guerrillas. Last Battle of the Cold War, Blueprint for Future Conflict,* Westport, Praeger, 1995; D. E. Spencer, *From Vietnam to El Salvador. The Saga of the* FMLN *Sappers and Other Guerrilla Special Forces in Latin America,* Westport, Praeger, 1996; E. J. Wood, *Insurgent Collective Action and Civil War in El Salvador,* Cambridge, Cambridge University Press, 2003.

[3] Sobre el Frente Sandinista, véase P. Arias, *Nicaragua: Revolución. Relatos de combatientes del Frente Sandinista,* 2ª ed., México, Siglo XXI, 1981; T. Borge, *Apuntes iniciales sobre el* FSLN, Managua, Ministerio del Interior-Dirección Política, 1983; T. Borge, *La paciente impaciencia,* 4ª ed., Managua, Vanguardia, 1990; E. Cardenal, *La revolución perdida,* 2ª ed., Managua, Anamá Ediciones, 2004; S. Martí-i-Puig, *¿La última rebelión campesina? Revolución y contrarrevolución en Nicaragua, 1979-1987,* La Rábida, Universidad Internacional de Andalucía-La Rábida, 1987, tesis de maestría, mimeo, 1994; S. Martí-i-Puig, *La revolución enredada: Nicaragua 1977-1996,* Madrid, Los Libros de la Catarata, 1997.

[4] Acerca de Edén Pastora, el famoso Comandante Cero, véase R. Bardini, *Edén Pastora, un cero en la historia,* Puebla y México, UAP/Mex-Sur, 1984; M. Eugarrios, *Dos... Uno... Cero Comandante,* San José, Lehmann, 1979.

[5] Acerca de Fonseca, véase M. Zimmermann, *Carlos Fonseca Amador y la revolución nicaragüense,* Managua, Universidad de las Regiones Autónomas de la Costa Caribe Nicaragüense, 2003.

[6] Acerca del Che Guevara, véase J. L. Anderson, *Che Guevara. A Revolutionary Life,* Londres, Bantam, 1997; P. J. Dosal, *Comandante Che: Guerrilla Soldier, Commander, and Strategist, 1956-1957,* University Park, Pensilvania, The Pennsylvania State University Press.

⁷ Sobre la intervención de Cuba, véase J. B. Yofre, *Fue Cuba. La infiltración cubano-soviética que dio origen a la violencia subversiva en Latinoamérica,* Buenos Aires, Sudamericana, 2014.

⁸ Francisco Altschul, embajador de El Salvador en Washington en conversación con el autor el 20 de octubre de 2015.

⁹ Acerca de los contras, véase G. Bataillon, «*Contras* y *recontras* nicaragüenses: Reflexiones sobre la acción armada y la constitución de actores políticos-militares», en G. Bataillon *et al., Centroamérica entre democracia y desorganización. Análisis de los actores y de los sistemas de acción de los años 1990,* Guatemala: Flacso/CEMCA, 1994, pp. 173-213; R. Brett, *The Real Contra War. Highlander Peasant Resistance in Nicaragua,* Norman, University of Oklahoma Press, 2000; Ch. Dickey, *With the Contras. A Reporter in the Wilds of Nicaragua,* Nueva York, Simon and Schuster, 1985; D. Eich y C. Rincón, *The Contras. Interviews with Anti-Sandinistas,* San Francisco, Synthesis Publications, 1984; P. Kornbluh y M. Byrne, *The Iran-Contra Scandal. The Declassified History,* Nueva York, The New Press, 1993; M. A. Pereira Gómez y J. A. Bilbao Ercoreca, *Recuerdos de una guerra en Nicaragua, «Contras y FSLN». Vida, historia y experiencias de tres comandantes de la resistencia. Intento de un estudio sobre la Nicaragua dividida,* Estelí, Nicaragua, mimeo y fotocopia, IHNCA, 1991.

CAPÍTULO IX

Último escenario de la Guerra Fría (II)

Manipulación del campesinado y un fraude llamado Rigoberta Menchú

Posiblemente uno de los episodios más terribles de la Guerra Fría en Centroamérica sea el relacionado con la manipulación de los indígenas en estrategias diseñadas a muchos kilómetros de su lugar de origen.[1] Un caso especialmente revelador de esa manipulación tendría lugar en el caso de Guatemala. En esta nación centroamericana la cuestión indígena había persistido desde la llegada de los conquistadores españoles, pero se situó en el punto de atención mundial a partir del 31 de enero de 1980, cuando un grupo de kichés asaltaron la embajada española supuestamente para protestar contra la violencia que imperaba en el agro.

El peligro mortal al que se vieron sometidos quienes estaban en la legación española obligó a las autoridades guatemaltecas al asalto de la sede diplomática. Estalló entonces un incendio que causó la muerte de casi todos los que se encontraban en el interior de la legación. Aunque el gobierno guatemalteco culpó a los indígenas señalando que lo habían ocasionado, Máximo Cajal, el embajador español —una de las tres únicas personas que sobrevivieron el incidente— insistió en que las fuerzas policiales guatemaltecas habían matado a la mayoría de los que estaban en la embajada y luego le habían prendido fuego para borrar las huellas del crimen. Existen, desde luego, indicios abundantes de que Cajal —cuya salida de la embajada nunca ha sido suficientemente aclarada— colaboró con la guerrilla y fue responsable directo de la catástrofe. Al respecto, el licenciado Adolfo Molina Sierra fue testigo presencial de los hechos del 31 de enero de 1980, era hijo de una de las víctimas: Adolfo Molina Orantes (antiguo canciller y miembro de la Corte Internacional de Justicia de La Haya). El testimonio de Molina Sierra —que intentó infructuosamente salvar la vida de algunos de los atrapados en el interior de la embajada— resulta contundente. Las atrocidades fueron realizadas por la guerrilla que penetró en la embajada con la ayuda del embajador español Cajal y la finalidad de los hechos era que nadie pudiera salir vivo del recinto. Cajal se salvó mientras todos ardían y acabaría siendo encargado de la alianza de civilizaciones para el gobierno de José Luis Rodríguez Zapatero.

La intervención de las fuerzas guatemaltecas en el interior de la embajada era una violación de los acuerdos de Viena y así lo reconocería posteriormente el gobierno de Guatemala. Sin embargo, cuesta trabajo pensar en una alternativa dado el peligro inmenso para las vidas de los que se hallaban en el interior de la legación. El resultado, en cualquier caso, fue que España rompió relaciones diplomáticas con Guatemala. El gobierno fue derribado en 1982 por un golpe que situó al general Efraín Ríos Montt al frente de una junta militar.

Ríos Montt intentó combatir de forma enérgica la corrupción, convirtiéndose en uno de los pocos gobernantes guatemaltecos que se tomó verdaderamente en serio esa batalla. De manera nada sorprendente, el presidente Reagan incluso lo definió como un «hombre de gran integridad personal» y, ciertamente, la apreciación se correspondía con la realidad. Sin embargo, su honradez privada no evitó que continuaran perpetrándose abusos y matanzas cuyas víctimas principales fueron los indígenas.[2] Las acciones que tuvieron lugar bajo el gobierno de Ríos Montt no pueden empero achacarse a una especial animosidad contra los indios o a un deseo de proceder a su exterminio. De hecho, eran la respuesta directa a un acontecimiento de especial relevancia que tuvo lugar en 1982. Nos referimos a la fusión de los cuatro grupos guerrilleros que actuaban en Guatemala en la Unidad Revolucionaria Nacional Guatemalteca (URNG). Inspirado en la victoria sandinista en Nicaragua y apoyado por la dictadura cubana, la URNG tomaba acción fundamentalmente en el campo, exponiendo con sus acciones a las comunidades indígenas a las que el ejército reprimía después, alegando, con razón mayor o menor, que servían de base a la guerrilla. Las operaciones militares de tierra quemada forzaron así a unos 45 000 guatemaltecos a buscar refugio en México donde el gobierno los asentó en campos situados en Chiapas y Tabasco.

A esas alturas, el problema indígena había saltado a los medios internacionales y Guatemala se convirtió en un Estado paria incluso para el legislativo de los Estados Unidos, controlado por el Partido Demócrata. Ríos Montt fue derrocado por el general Óscar Humberto Mejía Víctores, que conduciría a un nuevo proceso constituyente y a la llegada al poder de Vinicio Cerezo. La realidad, sin embargo, no era que el ejército guatemalteco se hubiera embarcado en un genocidio cuyo objetivo eran los indígenas. El drama era más bien que los indios se habían visto atrapados entre dos fuegos: el de las guerrillas que pretendían utilizarlos para llevar la revolución a su triunfo y el del ejército que respondía a la guerrilla, respaldada por Cuba, reprimiendo de un modo despiadado a todos los que consideraba que la apoyaban. Una prueba de esa manipulación desalmada y de las reacciones que provocó la constituye de manera paradigmática un libro que obtendría rápida y absolutamente injustificada fama. Veamos la historia.

En 1992 el premio Nobel de la paz fue concedido a la india Rigoberta Menchú en reconocimiento por la defensa de las comunidades indígenas. De forma lamentable, Rigoberta Menchú y su autobiografía, *Yo, Rigoberta Menchú* eran dos escandalosos fraudes absolutamente prefabricados. Publicada en 1982, *Yo, Rigoberta Menchú* fue escrita no por la guatemalteca sino por una izquierdista francesa, Elisabeth Burgos-Debray, esposa del marxista Regis Debray, quien antes había inspirado en el Che Guevara la estrategia foquista encaminada a provocar conflictos armados en todo el globo. De acuerdo con esa estrategia, los intelectuales urbanos debían crear un frente militar esencial para el triunfo de la revolución. La tesis de Debray se hallaba, por ejemplo, tras el fracaso del Che en Bolivia que concluyó con la muerte del célebre guerrillero e igualmente en la base de los dramas vividos por los campesinos indígenas guatemaltecos relatados falazmente en el libro de Menchú.

La supuesta autobiografía no pasa, en realidad, de repetir esquemas manidos de la mitología marxista. En ella Rigoberta aparece como parte de una familia maya pobre desposeída, primero, por los conquistadores españoles y luego por los ladinos. La propia Rigoberta es una analfabeta ya que Vicente, su padre, se niega a enviarla a la escuela porque la necesita trabajando en el campo y porque teme que se vuelva contra él tras recibir una educación. El hermano menor de Rigoberta muere de hambre y Vicente crea un movimiento de resistencia denominado el Comité Campesino de Unidad, movimiento al que se suma Rigoberta, y que pretende reclamar las tierras indígenas controladas por los ladinos. Este movimiento organizado por el padre de Rigoberta se une al Ejército Guerrillero de los Pobres (EGP), pero sus sueños se ven frustrados por la acción brutal de las fuerzas de seguridad guatemaltecas que dan muerte a Vicente Menchú, queman vivo ante la familia a un hermano de Rigoberta y violan y asesinan a la viuda. Esta tragedia personal es identificada por Rigoberta como «la historia de todos los pobres de Guatemala».

No puede negarse que *Yo, Rigoberta Menchú* tuvo éxito ya que no sólo deparó a la presunta autora un premio Nobel sino que además le permitió crear la Fundación Rigoberta Menchú Tum de Derechos Humanos y convertirla en referente y firmante de innumerables proyectos de izquierdas. El gran problema es que el relato de Rigoberta Menchú no es sino un rosario de falsedades carentes de inocencia y cargadas de intencionalidad política como dejó de manifiesto David Stoll en una monografía publicada en 2007 en versión ampliada.[3] Stoll dedicó una década a entrevistar a más de un centenar de personas que habían conocido a Rigoberta Menchú y sus datos fueron corroborados con total facilidad por el periodista Larry Rohter enviado a Guatemala por *The New York Times*.

Sería demasiado extenso detallar todas las mentiras de Rigoberta Menchú, pero sí debemos detenernos en algunas de las más relevantes. Ya en la primera página, Rigoberta afirma:

Cuando fui mayor, mi padre lamentó que no fuera a la escuela, dado que era una chica capaz de aprender muchas cosas. Pero él decía siempre: «Desafortunadamente, si te envío al colegio, harán que olvides tu clase; te convertirán en un ladino. No quiero eso para ti y eso es por lo que no te envío». Pudo haber tenido la oportunidad de mandarme al colegio cuando tenía 14 o 15 años, pero no pudo hacerlo porque sabía cuáles serían las consecuencias: las ideas que me darían».

Es cierto: la idea de una educación regentada por las clases dominantes es netamente marxista; el resto del relato es falso. De hecho, Rigoberta no careció de acceso a la educación ni su padre se opuso a que la recibiera. De acuerdo con el testimonio de compañeros de clase, profesores y familiares, Vicente Menchú no sólo envió a Rigoberta al colegio sino que además eligió para ella dos prestigiosos internados privados, gestionados por monjas católicas. En ellos, Rigoberta recibió una educación escolar media. Dado que Rigoberta pasó la mayor parte de su juventud en el internado, sus detallados relatos sobre trabajar ocho meses al año en las plantaciones de café y algodón y organizando un movimiento político oculto probablemente sean falsos. Desde luego, lo son de manera vergonzosa las afirmaciones que Rigoberta Menchú hace sobre su familia. Nunca hubo un hermano de Rigoberta que muriera de hambre; su padre, lejos de ser un indigente, era propietario de 2 753 hectáreas de tierra y el conflicto social que, supuestamente, lo llevó a la rebelión no fue sino una disputa familiar por una parcela de 151 hectáreas que enfrentó a Vicente Menchú con los Tum, la familia de su mujer y, en especial, con su tío. A nadie le sorprenderá a estas alturas saber que Vicente Menchú jamás organizó una entidad de resistencia campesina llamada Comité Campesino de Unidad. A decir verdad, el padre de Rigoberta Menchú era un campesino conservador y apolítico que envió a su hija a los mejores internados y que ambicionaba, como muchos antes y muchos después, aumentar sus propiedades y para conseguirlo acabó enfrentándose con los parientes de su mujer. Es probable que todo se habría quedado reducido a las dimensiones de un lamentable enfrentamiento familiar de no ser por la intervención de la dictadura cubana en Centroamérica apoyando las guerrillas de Guatemala,[4] El Salvador y Nicaragua desde la década de los setenta.

El 29 de abril de 1979 surgió el Ejército Guerrillero de los Pobres de Guatemala, en Uspantán. Esta localidad era el municipio importante más cercano a Chimel, la población de Rigoberta Menchú. De manera bien reveladora, los guerrilleros no eran de la zona sino extranjeros y se dedicaron a pintar de rojo todo lo que pudieron, robar el dinero de los recaudadores de impuestos, derribar la cárcel, poner en libertad a los detenidos y luego dedicarse a cantar por espacio de un cuarto de hora en la plaza una cantinela cuya letra afirmaba: «Somos los defensores de los pobres». Como desconocedores de la realidad —la de que los conflictos de la tierra eran meramente locales e incluso familiares entre los propios mayas— los guerrilleros aplicaron la ortodoxia marxista reflejada en el libro de Rigoberta y asesinaron a dos propietarios de la localidad sólo porque eran ladinos y, por definición, opresores. En esos momentos, Vicente Menchú —que deseaba hacerse con las tierras en disputa con sus familiares— creyó que la guerrilla iba a ser el futuro poder en la zona y arrojó su suerte con ella. Así, le proporcionó un lugar de reunión e incluso los acompañó en una protesta. No pudo cometer peor error. Al llegar el ejército al lugar se encontró a las familias de los asesinados por la guerrilla que clamaban venganza. Convencidos de que la guerrilla era un peligro de envergadura —algo en lo que no se equivocaban— actuaron de manera brutal, perpetrando represalias en las familias de los supuestos partidarios de la guerrilla. Entre las víctimas de la represión estuvieron los padres y un hermano de Rigoberta. No es cierto, sin embargo, que fuera quemado vivo y que Vicente y su esposa se vieran obligados a contemplar la atrocidad. La actuación de las tropas guatemaltecas no tiene disculpa alguna, pero peor aún fue la manipulación de los campesinos por parte de la guerrilla sin la cual la represión posiblemente no habría tenido lugar.

La despiadada utilización de los indígenas quedó de manifiesto en uno de los episodios más destacados del libro de Rigoberta Menchú. Nos referimos a la ocupación de la embajada española en Guatemala en enero de 1980 por un grupo de guerrilleros y campesinos. El portavoz era Vicente Menchú aunque la planificación había sido llevada a cabo por el Frente Revolucionario Estudiantil Robín García. Como le relataría un testigo a David Stoll, Vicente Menchú se limitó a obedecer lo que le dijeron que debía hacer. De hecho, incluso tras haber preparado el viaje, los campesinos de Uspantán que acompañaban a los estudiantes revolucionarios no tenían la menor idea de adónde o por qué iban. No eran sino marionetas de la visión foquista. David Stoll entrevistó a una superviviente cuyo marido había muerto en el incidente y la mujer le dijo que la idea del viaje había surgido en una fiesta de boda en la Iglesia católica de Uspantán. Inicialmente dijeron a los indígenas que irían a la costa, pero lo cierto es que se encaminaron a la capital. Una vez allí, los estudiantes revolucionarios procedieron a ocupar la embajada y capturar rehenes, una decisión que tomó por sorpresa a unos indígenas que no tenían forma de escapar. Es sabido que la embajada española ardió y que, a causa de las llamas o de la irrupción de las fuerzas del orden, perecieron 39 personas entre las que se encontraba Vicente, el padre de Rigoberta. Se podrá discutir el día de hoy si el incendio fue provocado por uno de los estudiantes revolucionarios que lanzaron un coctel molotov o por las fuerzas del orden para borrar las huellas de su acción. Lo que resulta, sin embargo, indiscutible es que la guerrilla comunista engañó y utilizó a los campesinos, y que si no lo hubiera hecho ninguno de ellos, incluido el padre de Rigoberta, habría muerto.

Hasta qué punto la obra de Rigoberta Menchú —quien ha llegado a recibir más de una docena de doctorados *honoris causa*— no pasó de ser un burdo ejercicio de propaganda marxista queda de manifiesto en la manera en que se negó a denunciar las matanzas de indios miskitos perpetradas por los sandinistas, en que acabó enemistada con Elisabeth Burgos-Debray —quien sí protestó por esas acciones criminales— y en que, mortecinamente, negó la relación de esta con el libro que la catapultaría a la fama internacional.

En el fraude que lleva el nombre de Rigoberta Menchú —fraude al que se ha puesto sordina desde las más diversas instancias— se encierra uno de los grandes dramas de los años ochenta: el de comunidades indígenas manipuladas por unos y reprimidas por otros; en el primer caso, para extender un modelo político como el de la dictadura cubana o la sandinista y, en el segundo, para impedir, como fuera, su apoyo a la guerrilla marxista. Pasar por alto esa sobrecogedora realidad constituye un insulto a millares de víctimas inocentes de una guerra que no tenía relación real con ellos.

Guerra tras guerra

En octubre de 1979 —el mismo año del triunfo sandinista— tuvo lugar en El Salvador un golpe cívico-militar que pretendía frenar la posible marea revolucionaria mediante el impulso de reformas sociales. Para muchos aquel paso sería la última oportunidad de cambio pacífico antes del estallido de una verdadera guerra civil a inicios de 1980.[5] El esfuerzo no tardó en quedar frustrado. En marzo del año siguiente, el arzobispo Óscar Arnulfo Romero cayó asesinado en virtud de una conspiración conservadora. Romero había expresado en varias ocasiones una simpatía exageradamente ingenua hacia la revolución sandinista e incluso había llamado a los soldados salvadoreños a la deserción. Sin embargo, su muerte no era tanto consecuencia de una predicación política que chocaba de forma directa con el propio gobierno de El Salvador como indicación clara de que se daría cualquier paso para frenar el proceso revolucionario. De hecho, en el mismo mes en que fue asesinado Romero se aprobaron medidas no exentas de cierta radicalidad como la nacionalización de la banca y la reforma agraria.

En el curso de las semanas siguientes, la Junta acabó inclinándose en torno a la democracia cristiana, una opción que pretendía impedir la revolución mediante algunos pasos reformistas. La democracia cristiana siguió practicando la represión, lo que ayudó, indirectamente, a que la oposición siguiera el consejo de Fidel Castro de unificar las fuerzas de la oposición en el FMLN (Frente Farabundo Martí para la Liberación Nacional)[6] y su brazo civil, el FDR (Frente Democrático Revolucionario). En noviembre de 1980 todos los dirigentes del FDR fueron secuestrados y asesinados mientras crecía la ayuda de los Estados Unidos para enfrentarse con la revolución y la democracia cristiana seguía uniendo represión y reformas como una táctica supuestamente eficaz. En 1981, el FMLN desencadenó una ofensiva general. En muchos, pesaba la idea de que el triunfo de los sandinistas en Nicaragua era un prólogo del que obtendría la guerrilla salvadoreña. Con todo, no faltaban en el FMLN los que se percataban de que esa era una perspectiva demasiado optimista y que la insurrección podía fracasar.[7]

En Guatemala la guerra civil incluyó la participación de las masas indígenas y una lucha contra la insurgencia que comenzó a ser especialmente eficaz desde finales de 1981. Los golpes de Ríos Montt en marzo de 1982 y de Mejía Víctores en agosto de 1983 fueron fruto directo de la actividad del ejército guatemalteco, una actividad que resultó notablemente represiva. En 1981 tuvieron lugar más de una docena de matanzas de indígenas cuya finalidad era, supuestamente, intentar contener la revolución. El gran drama es que a la represión militar se sumó el abandono de los jefes guerrilleros lo que dejó a los indígenas totalmente expuestos a una represión indiscriminada. Quizá nunca llegue a saberse el número de millares que perdieron la vida, mientras el número de refugiados ascendía al millón de personas.

Ese mismo año de 1981 fue testigo de la victoria electoral de Ronald Reagan en los Estados Unidos, una victoria que fue especialmente celebrada por los elementos más conservadores de las sociedades centroamericanas y que iba a terminar de arrastrar a toda la zona a la primera línea de la Guerra Fría. De entrada Honduras, Panamá y Costa Rica experimentaron un cambio radical en su política exterior. En el primer caso, el gobierno civil de Honduras abandonó la política previa de simpatía con el sandinismo para asumir una posición de clara hostilidad, que de ningún modo era ajena a la orientación de los Estados Unidos. En Panamá, la muerte de Omar Torrijos —un nacionalista populista contrario a la acción exterior de los Estados Unidos— abriría el paso a militares como Rubén Darío Paredes o Manuel Antonio Noriega, que optaron por abandonar la línea torrijista en favor de otra más cercana a la de la potencia del Norte.

En medio de ese trasfondo, Centroamérica se vería desgarrada por una guerra cuyo epicentro estaría en Nicaragua, pero que, en realidad, repercutiría en toda la zona. De 1982 a 1987 la administración Reagan se enfrentó de manera nada oculta a la fuerza revolucionaria que controlaba la política nicaragüense. En febrero de 1982 el presidente de los Estados Unidos aprobó un plan de operaciones encubiertas cuya dirección asumiría la Agencia Central de Inteligencia (CIA)[8] y que tendría como objetivo el gobierno sandinista. Aprovechando los términos de un antiguo tratado militar, los Estados Unidos propiciaron el establecimiento de bases militares en el territorio de Honduras, desde las que se realizaron maniobras conjuntas hondureño-norteamericanas en clara advertencia a los sandinistas.

Semejante circunstancia llevó a los sandinistas a ir dejando de manifiesto de manera todavía más evidente su alineación con la Cuba castrista. No era nueva, como tuvimos ocasión de ver, ni tampoco motivada por las acciones de Reagan. De hecho, que los sandinistas avanzaban hacia el establecimiento de una dictadura de carácter socialista era una circunstancia imposible de negar desde hacía años. En 1980 los sandinistas alteraron en beneficio propio la composición del Consejo de Estado, una instancia de carácter legislativo. El paso —que implicaba una burla de cualquier principio representativo y su sustitución por la voluntad desnuda de los dirigentes sandinistas— provocó lógicas reacciones en oposición. El Consejo Superior de la Empresa Privada (COSEP) y la Iglesia católica manifestaron su oposición a aquella acción temiendo las previsibles consecuencias. En noviembre de 1980 los empresarios se retiraron incluso de la Junta de Reconstrucción Nacional, con la convicción nada desencaminada de que los sandinistas estaban impulsando un proceso como el cubano. Por desgracia, no se equivocaron.

En marzo de 1982 el gobierno sandinista decretó un estado de excepción que se tradujo en la supresión de las garantías individuales y en la censura de los medios de comunicación. En términos de derechos civiles, Nicaragua estaba sometida a una dictadura férrea. Sin embargo, no concluyeron ahí los paralelos con lo sucedido en Cuba y antes en la Unión Soviética. Las comunidades indígenas, en especial los miskitos del Caribe, habían recibido promesas de una cierta autonomía. Los sandinistas no sólo suprimieron el autogobierno de los miskitos sino que desataron sobre ellos una represión pavorosa de la que no quedaron excluidos ni la tortura ni los asesinatos. De manera nada sorprendente, distintas organizaciones indígenas como Yatama, Misura o Misurasata se sumaron a la contra impulsadas por el deseo de enfrentarse a los sandinistas. Como ya señalamos, personajes como la guatemalteca Rigoberta Menchú optaron por guardar silencio ante estas atrocidades dejando así de manifiesto que su fidelidad estaba más centrada en el marxismo que en una supuesta defensa de las comunidades indígenas.

En 1984 el gobierno sandinista dio un nuevo paso que fue interpretado por muchos como una señal de su carácter democrático, pero que, en realidad, implicaba el afianzamiento de un régimen cuyo modelo eran las democracias populares del este de Europa, es decir, una dictadura comunista en la que también existían otros partidos aunque sin posibilidad real de llegar al poder. Así, la Junta de Gobierno anunció elecciones presidenciales y legislativas de las que nacería una Asamblea Nacional Constituyente. Gracias al control omnímodo de los medios, de las fuerzas armadas, de la policía y de, prácticamente, cualquier ámbito social sin excluir a la propia Iglesia católica y gracias también a que algunos de los grupos de oposición no se presentaron a las elecciones, el sandinista Daniel Ortega obtuvo 67% de los votos emitidos. Por lo que se refiere a la Asamblea, el Frente Sandinista obtuvo 61 de los 96 diputados, recordando de nuevo la estructura de algunas de las democracias populares del este de Europa.

Si las libertades y la supervivencia de las comunidades indígenas se vieron directamente amenazadas por los sandinistas, también lo fue el derecho de propiedad que fue sustituido, no por una redistribución social de esta como había anunciado el sandinismo, sino por su entrega a la *nomenklatura* sandinista. Con el paso del tiempo, semejante fenómeno —marcado por una profunda corrupción— recibiría el revelador nombre de la «piñata»[9] e incluso provocaría la deserción del sandinismo por parte de personajes históricos como Ernesto Cardenal o Sergio Ramírez. Sin embargo, a la sazón, las acciones de los sandinistas fueron aplaudidas a uno y otro lado del Atlántico como muestra de una revolución impulsada por el deseo de justicia. En 1982 la denominada «área de propiedad del pueblo» —un conglomerado de propiedades expropiadas a la familia Somoza y a sus seguidores— aportaba 44% del producto interno bruto, comprendiendo algo más de centenar y medio de fábricas y casi un millón de hectáreas de explotación agrícola. A partir de 1986 el «área de propiedad del pueblo» estaba ubicada sobre todo en el interior y beneficiaba a propietarios individuales cercanos al Frente Sandinista y a las Cooperativas Agrícolas Sandinistas. Este desplazamiento de la propiedad —en que la corrupción fue flagrante— tuvo también su repercusión en la producción, que se desplomó por mucho que los medios de comunicación controlados férreamente por los sandinistas se ocuparan a diario de cantar los logros de la agricultura de la Alemania comunista o de otros sectores de producción de los países del Este. El embargo impulsado por la administración Reagan no contribuyó, desde luego, a mejorar la situación. Sin embargo, como en el caso cubano, no puede pasarse por alto la más que considerable ayuda que los sandinistas recibieron de la Unión Soviética y sus aliados. Entre 1979 y 1989 el bloque soviético proporcionó a

Nicaragua una ayuda económica superior a los 3 000 millones de dólares además de un respaldo militar que sólo puede ser calificado como extraordinario. Los sandinistas llegaron a tener a más de 60 000 hombres en armas —cifra muy elevada teniendo en cuenta la población de Nicaragua— dotados de un moderno arsenal. Sin embargo, esta última situación tuvo no pocos costes para el gobierno, como fue el de la impopularidad derivada de implantar un servicio militar que, por añadidura, implicaba la acción en guerra.

Para colmo de males, el Frente Sandinista, más allá de las proclamas y de beneficiar a sus clientelas, poco o nada aportó a la solución de los problemas antiguos y de los que ahora creaba de nuevo. El desempleo más que elevado, la carencia de viviendas, la falta de los artículos más indispensables, cuya ausencia era notoria en las tiendas hasta el punto de que la situación en Cuba parecía próspera en comparación, fueron erosionando su imagen de manera inexorable. A decir verdad —y a pesar a los continuos llamamientos a la denominada Iglesia popular y a razones de carácter teológico— las acciones de gobierno del sandinismo parecían corroborar las críticas democráticas al sistema comunista, en el sentido de que tras la pérdida de la libertad habían llegado la corrupción política, la miseria económica y la represión violenta. Por añadidura, aquellos resultados sirvieron para legitimar el respaldo otorgado por la administración norteamericana a los ataques dirigidos contra la Nicaragua sandinista. Los denominados contras —apócope de *contrarrevolucionarios*— reunían una notable variedad de elementos. Entre ellos, había partidarios de la dictadura somocista, pero, de manera especial, había antisomocistas desengañados de los sandinistas y sandinistas como el famoso comandante Cero, que abominaba de la política que estaba teniendo lugar en Nicaragua. En marzo y septiembre de 1983 los contras desencadenaron sendas ofensivas que, al fin y a la postre, tendrían un notable peso sobre la evolución política de la nación.

No más halagüeña fue la situación en El Salvador. Desde marzo de 1980 la postura gubernamental había sido cumplir la consigna que se dio en denominar de «reformas más represión». En otras palabras, por un lado, se intentaría acabar con cualquier posibilidad de reproducción de una revolución como la sandinista, conjugando la lucha armada con la puesta en funcionamiento de medidas sociales. De hecho, en 1981 el FMLN lanzó la denominada «ofensiva final» que, supuestamente, debería concluir con un éxito como el que pocos años antes habían obtenido en Nicaragua los sandinistas. La victoria del FMLN era, en términos estratégicos, imposible. Las razones no eran pocas. De entrada, la posición geográfica de El Salvador no permitía desarrollar con posibilidades de éxito una guerra como la llevada a cabo por los sandinistas. El avituallamiento del ejército y la posibilidad de controlar zonas estratégicas eran obstáculos prácticamente insalvables. Por añadidura, el FMLN podía acusar al gobierno salvadoreño de violaciones de los derechos humanos o de brutalidades cometidas por las fuerzas armadas, pero frente a sus acciones no se erguía, como en Nicaragua, una dictadura similar a la somocista sino un régimen formalmente democrático que, con mayor o menor convicción, pretendía llevar a cabo reformas. Por último, la Casa Blanca, a diferencia de lo sucedido en la fase final del somocismo, mostró una clara resistencia al avance de la revolución hasta el punto de que Ronald Reagan llegó a manifestar un compromiso prácticamente personal con el demócrata-cristiano Duarte. La posibilidad de victoria de los insurgentes resultaba, pues, nula.

Esa circunstancia contribuye no poco a comprender la evolución política durante aquellos años en que las reformas reales se llevaron a cabo con un grado extraordinario de corrupción o simplemente se bloquearon de manera indefinida. En marzo de 1982 fue elegida una Asamblea Constituyente en la que las fuerzas de derecha eran predominantes y que, durante el bienio siguiente, impidió la realización de la reforma agraria, colocó en pésima situación al sector moderado de la democracia cristiana y, con casi total seguridad, no actuó todavía peor a causa de las presiones de los Estados Unidos. A este último factor ha de atribuirse en no escasa medida el que la reforma agraria afectara positivamente a cerca de 180 000 trabajadores del campo y a sus familias. Sin embargo, a pesar de que no fue pequeño logro —muy superior, desde luego, al conseguido por los sandinistas a pesar de su propaganda socialista— no es menos cierto que la reforma quedó detenida ya en la segunda etapa y que, a esas alturas de la historia, difícilmente podía ser vista como la solución a los problemas económicos de El Salvador. A decir verdad, esa visión político-económica, a pesar de las referencias políticas continuas, ya había dado señales de resultar obsoleta más de medio siglo antes.

Durante el bienio 1985-1986 el ejército de El Salvador —que contaba con 55 000 hombres, más otros 15 000 relacionados con operaciones paramilitares y que disponía, prácticamente, de la mitad del presupuesto nacional— continuó combatiendo al FMLN sin imponerse totalmente. Las razones de ese *impasse* fueron explicadas de forma diversa y no faltaron quienes las atribuyeron directamente al deseo de ciertos sectores del poder militar de seguir recibiendo los subsidios procedentes de los Estados Unidos, subsidios que se destinaban a combatir la guerrilla, pero que no pocas veces fueron desviados gracias a mecanismos de corrupción. Debe tenerse en cuenta que, tan sólo en 1985, la ayuda económica de los Estados Unidos superó los 600 millones de dólares.

Entre los aspectos más sobrecogedores de la guerra civil en El Salvador se encontró el uso de minas antipersonales, que no causaban la muerte de los soldados, pero sí les arrancaban, en todo o en parte, la extremidad inferior. Las denominadas minas «quitapiés» pretendían tener —y ciertamente tenían— un efecto desmoralizador sobre la población, que contemplaba cómo un joven que hubiera podido ser su hijo o su hermano quedaba disminuido físicamente de por vida. El impacto de la guerra y la ausencia de reformas en profundidad explican por qué un sector de la población urbana de El Salvador se fue desplazando crecientemente hacia una derecha de la que esperaba que acabara con la guerra gracias a una victoria militar y no mediante un proceso de negociación.

También instaron los Estados Unidos a Guatemala para que avanzara hacia gobiernos de carácter civil que realizaran reformas y evitaran la subversión comunista amparada desde la dictadura cubana y respaldada por el bloque comunista. En 1984 tuvieron lugar los comicios para la formación de una Asamblea Constituyente y, al año siguiente, se promulgó una nueva constitución y se procedió a la elección de presidente. En segunda vuelta se impuso el demócrata-cristiano Vinicio Cerezo. Las elecciones habían dejado de manifiesto un desplazamiento del electorado hacia el centro, posiblemente nacido del deseo de encauzar la vida nacional hacia la estabilidad, el gobierno civil y unas reformas desvinculadas del ejemplo sandinista.

Cerezo se encontró con una situación política sumamente delicada. No se trataba sólo de que el ejército se resistía a perder un poder autónomo y sin fiscalización superior o de que el horror de la guerra civil en el campo estaba catapultando a la capital torrentes humanos a los que no se podía atender y que incrementaron el desempleo y la marginalidad. Por añadidura, en 1983 el congreso de los Estados Unidos, dominado por el partido demócrata, suspendió la ayuda económica y militar a Guatemala alegando las violaciones continuadas a los derechos humanos.

El incremento del narcotráfico, la frustración de las comunidades indígenas en el agro, la acción de los escuadrones de la muerte, el enfrentamiento armado, en suma, fueron algunas de las lacras que persistieron en los años siguientes. Sin embargo, se piense lo que se piense de la presidencia de Cerezo, hay que reconocerle un logro que casi puede considerarse colosal. En 1990, por primera vez en la historia de Guatemala, un presidente civil elegido por el pueblo entregó el poder a otro presidente también civil y también surgido de las urnas. No era magro resultado aunque, en esas elecciones, la democracia cristiana se desplomara y, en la segunda vuelta, 70% del censo renunciara a votar.

El cambio en Honduras se había iniciado antes que en las otras naciones de Centroamérica. Su impulso principal había procedido no de las élites hondureñas sino de los Estados Unidos. En 1980, en un intento de neutralizar la amenaza sandinista, se instalaron bases norteamericanas en territorio hondureño, se equipó a sus fuerzas armadas y se llevaron a cabo maniobras conjuntas de los ejércitos de ambas naciones. Resultaba obvio que si los sandinistas intentaban imponer un régimen semejante al suyo en Honduras, los Estados Unidos intervendrían en ayuda del país amenazado. Sin embargo, no se trataba de una mera intervención de carácter militar. Como en El Salvador y en Guatemala, los Estados Unidos tenían interés en que Honduras se adentrara por el camino de las reformas democráticas. En 1981 se celebraron unas elecciones que significaron el final de casi una década de gobierno militar y, por eso mismo, proporcionaron una notable legitimidad al nuevo ejecutivo. Lamentablemente, el peso de los militares en la política interior de Honduras siguió muy acentuado.

Desde enero de 1982 a marzo de 1984 el general Gustavo Álvarez Martínez desempeñó lo que casi equivalía a una presidencia paralela, hasta el punto de firmar acuerdos con Washington sin autorización del gobierno, lo que, lógicamente, provocó fricciones con el poder legislativo. Álvarez Martínez fue un instrumento privilegiado a la hora de facilitar la labor ofensiva de los contras antisandinistas lanzada desde territorio hondureño, pero, a la vez, protagonizó una política represiva intolerable. La caída del general, sin embargo, no tuvo que ver con sus excesos sino con el intento de reducir el número de miembros del Consejo Superior de las Fuerzas Armadas. Los militares que se iban a ver afectados por el proyecto de Álvarez Martínez perpetraron un golpe palaciego que obligó al general a exiliarse. Álvarez Martínez experimentó una conversión espiritual mientras vivía en el extranjero y, finalmente, regresó a Honduras donde sería asesinado en 1989 cuando se dirigía a una librería evangélica a comprar una Biblia para un amigo. El crimen nunca sería explicado de manera satisfactoria.

Con unos sindicatos y organizaciones de masas que apoyaban a los sandinistas o, al menos, defendían una neutralidad en la guerra civil nicaragüense, en noviembre de 1985, se celebraron elecciones presidenciales en Honduras. El vencedor fue José Azcona del Hoyo. De manera bien significativa, por primera vez desde 1933 un presidente elegido por el pueblo entregaba el poder a otro que también había recibido su mandato de las urnas.

La excepción a la tónica general de Centroamérica fue, como en otras ocasiones, Costa Rica. La nación logró eludir las solicitudes de los Estados Unidos para establecer una base militar en la frontera norte y, en las elecciones de 1986, mantuvo una considerable relevancia la cuestión de mantener la paz en medio de un istmo desgarrado por distintas guerras relacionadas con el conflicto global que se conoció como Guerra Fría. De hecho, la victoria de Óscar Arias Sánchez debió no poco a esa circunstancia.

No puede causar sorpresa. A mediados de la década de los ochenta, El Salvador, Guatemala, Nicaragua y, de manera indirecta, Honduras sufrían guerras civiles cuyo final no se divisaba y que, por añadidura, se agudizaban por intervenciones extranjeras que pretendían detener o impulsar la revolución socialista. Mientras que Cuba, con el respaldo más o menos reticente del bloque soviético, pretendía extender la llama de la revolución, los Estados Unidos se esforzaban por lograr que se celebraran elecciones, que los gobiernos de la zona fueran civiles, que resultara imposible un triunfo militar del sandinismo y que se llevaran a cabo reformas que desproveyeran de seguimiento y legitimidad a los diversos grupos revolucionarios. No puede sorprender que, atrapados en una dinámica bélica que podía malograr cualquier reforma y que, ciertamente, perpetuaba la inestabilidad, se fueran articulando distintas medidas para alcanzar la paz.

El largo camino hacia la paz[10]

En enero de 1983 se constituyó el denominado Grupo de Contadora —Venezuela, Colombia, México y Panamá— cuya finalidad era buscar una salida a los diversos conflictos armados que asolaban Centroamérica asumiendo una perspectiva negociada. El Grupo de Contadora disponía del respaldo del llamado Grupo de Apoyo —Argentina, Brasil, Uruguay y Perú— pero chocaba con dos inconvenientes de peso como eran la oposición de la administración Reagan a llegar a un acuerdo con los sandinistas y las suspicacias de Honduras, Guatemala y, por razones distintas, Costa Rica. De manera bien significativa, los esfuerzos favorables a la negociación se vieron revitalizados en momentos especialmente delicados para la administración Reagan.

En 1986, los demócratas lograron una mayoría en el senado y el congreso de los Estados Unidos. En noviembre de ese mismo año estalló el escándalo Irán-Contra. El episodio ha sido estudiado en diversas ocasiones e incluso contamos con el relato personal de alguno de sus protagonistas como es el caso del coronel Oliver North.[11] El origen del escándalo —que llevó a tambalearse a la administración Reagan y que se tradujo en las dimisiones del ya citado North y del vicealmirante Poindexter y en el deterioro de la imagen del propio director de la CIA— se encontró en la imposibilidad de la administración Reagan de seguir financiando a los grupos de la *contra* que combatían a los sandinistas, a causa de la política contraria de un legislativo de mayoría demócrata. En el bloqueo de los demócratas no hubo sólo un enfrentamiento partidista sino también una respuesta a una opinión pública extranjera y nacional que contemplaba con antipatía creciente la política seguida por Reagan contra los sandinistas al considerar que violaba el derecho internacional.[12]

Para obtener fondos que pudieran destinarse a financiar a los contras, la administración Reagan —y, en especial, la CIA— recurrió a vender armas a Irán —un archienemigo desde la crisis de la embajada norteamericana en Teherán— a través de terceros e incluso, como descubrió el periodista Gary Webb, ganador del Pulitzer, a colaborar en el tráfico de cocaína con señores de la droga hispanoamericanos.[13] La repercusión de estos episodios en la imagen de la administración Reagan, la imposibilidad de que los contras pudieran vencer en la guerra de Nicaragua al carecer de financiación tras el escándalo Irán-Contra y el deseo de los países de la zona de ver concluidos los diferentes conflictos acabaron desembocando en la celebración de conversaciones convocadas por el presidente de Guatemala Vinicio Cerezo, a las que asistieron los cinco presidentes centroamericanos, el 24 y 25 de mayo de 1986 en la ciudad de Esquipulas.

Desde ese encuentro al denominado Esquipulas II, que tuvo lugar el 7 de agosto de 1987, se fue configurando una alianza favorable a la resolución pactada de los conflictos, en la que tuvieron parte importante la Comunidad Económica Europea, la Organización Demócrata Cristiana de América y el respaldo de los antiguos miembros del Grupo de Contadora. La finalidad era que la solución viniera de una acción centrada en Centroamérica sin excluir a partes controvertidas, como podía ser el propio gobierno sandinista. Mientras Guatemala se negaba rotundamente a la exclusión de la Nicaragua sandinista, Óscar Arias, el presidente de Costa Rica, estaba dispuesto a aceptar al régimen presidido por Daniel Ortega siempre que incorporara a la oposición representada por los contras. El cambio, sin embargo, no debía proceder de la presión armada, como había intentado la administración Reagan, sino de una negociación que desembocara en unas elecciones libres. No sólo eso. La paz procedería de la reducción —incluso la supresión— de las fuerzas armadas.

El 15 de enero de 1987 Arias presentó su plan de paz en la reunión de San José, a la que acudieron también los presidentes de Guatemala, Honduras y El Salvador. Durante los meses siguientes y con vistas a una nueva reunión que contara con la presencia de Nicaragua, la iniciativa de Arias fue recibiendo el respaldo de la mayoría de los gobiernos hispanoamericanos, de la OEA, de la Organización de las Naciones Unidas (ONU) y de la Comunidad Económica Europea. Incluso en los Estados Unidos no faltaron los apoyos al plan. Es cierto que la administración Reagan vio con desagrado unas propuestas que, presumiblemente, iban a mantener a los sandinistas en el poder, pero los demócratas la respaldaron como una salida realista.

La Ciudad de Guatemala fue testigo los días 6 y 7 de agosto de 1987 de la firma del convenio de *Procedimientos para establecer la paz firme y duradera en Centroamérica* también conocido como Esquipulas II. Aquel logro causó la admiración del mundo siquiera porque era no poco generoso en los términos. Junto al diálogo con los grupos opositores, la amnistía y liberación de los presos políticos y la creación de comisiones nacionales de reconciliación,[14] aparecían la democratización —suprimiendo los límites a las libertades y el estado de sitio o de excepción— y las elecciones libres, incluidas las destinadas a configurar un parlamento centroamericano. Además se asumía el cese de la ayuda a fuerzas irregulares e insurreccionales, la prohibición de utilizar territorios para la agresión de otros Estados y la atención de refugiados y repatriados. Finalmente, se solicitaba no sólo el apoyo económico sino también la verificación y supervisión del cumplimiento de los acuerdos por parte de la comunidad internacional. El marco designado por Esquipulas II no dejaba fuera ningún aspecto de interés para los estados de Centroamérica y, por añadidura, no cedía en cuestiones como el respeto a la democracia o a los derechos humanos a la vez que articulaba un mecanismo de fiscalización internacional. Realmente, no puede sorprender que, en octubre de 1987, Óscar Arias fuera galardonado con el Premio Nobel de la Paz.

Esquipulas II establecía un calendario de cumplimiento de los acuerdos que incluía una nueva cumbre presidencial que había de celebrarse en un plazo de 150 días y que tuvo lugar en la localidad costarricense de Alajuela los días 15 y 16 de enero de 1988. A esas alturas ni el gobierno salvadoreño ni el guatemalteco habían entablado conversaciones con las guerrillas e incluso en el segundo caso había tenido lugar una gran ofensiva militar desde finales de 1987 a marzo de 1988. El sandinista Daniel Ortega, sin embargo, aceptó levantar el estado de excepción, entablar conversaciones con los contras, convocar elecciones municipales y de diputados para el parlamento centroamericano e incluso decretar una amnistía una vez que se concluyera el alto el fuego.

En marzo de 1988, en Sapoá, cerca de la frontera con Costa Rica, se firmó un cese provisional de las hostilidades. No desaparecieron las escaramuzas entre los sandinistas y los contras, pero ciertamente la guerra civil generalizada concluyó. Los intentos destinados a abortar los acuerdos no cuajaron en la medida en que el escándalo de una posible colaboración de la administración Reagan con el narcotráfico para financiar la lucha contra el sandinismo salpicó a militares y altos funcionarios de Honduras. En abril de 1988, una manifestación popular que degeneró en violencia incendió el consulado de los Estados Unidos en Tegucigalpa. Ese mismo mes de abril, Costa Rica tuvo que retirar a Guido Fernández, su embajador en Washington, al que la administración Reagan culpaba de haber actuado a favor de suprimir la ayuda a los contras.

Durante la segunda mitad del año 1988 continuaron las presiones de la administración Reagan para dinamitar el proceso de paz resultando, al respecto, de especial relevancia varias visitas realizadas a Centroamérica por George Shultz, el secretario de Estado, con esta finalidad. Sin embargo, la resolución de los gobiernos centroamericanos resultó inquebrantable. Los días 13 y 14 de febrero de 1989, en el curso de la cumbre presidencial de Costa del Sol en El Salvador, Daniel Ortega anunció el adelanto de las elecciones presidenciales para el 25 de febrero de 1990 a la vez que negociaba la desmovilización de los contras en Honduras bajo la supervisión de la ONU. Las razones que se han dado para esa conducta son diversas. Para algunos analistas,[15] los sandinistas simplemente se rendían ante la presión que los contras veían desencadenando durante los años anteriores. En otras palabras, la contra no había fracasado, a pesar de no derribar al sandinismo, sino que había logrado empujarlo a unas concesiones que jamás habría aceptado de manera voluntaria. Otros se han inclinado más bien a ver en la acción de Ortega una respuesta frente a una gravísima crisis económica[16] y la percepción de que el bloque soviético se encontraba cerca de su desplome.[17] A decir verdad, las dos explicaciones no resultan incompatibles entre sí. A esas alturas, resulta indiscutible que el Frente Sandinista no podía seguir manteniendo una más que difícil situación que sólo el respaldo del bloque soviético le había permitido prolongar. No es menos cierto que el Frente Sandinista contaba con ganar las elecciones[18] y, tras contentar las exigencias internacionales, mantenerse en el poder. No faltaban razones para que así lo creyera dado su control de los medios de comunicación y de las instituciones. Sin embargo, para sorpresa suya, se equivocó.

En febrero de 1991 se consumó el proceso de paz en Nicaragua al celebrarse las elecciones presidenciales. El Frente Sandinista —41% de los votos— fue derrotado por Violeta Barrios de Chamorro, la candidata de la Unión Nacional Opositora (UNO) que obtuvo 55% de los sufragios.[19] La postración que semejante resultado causó entre los sandinistas es difícil de describir. De hecho, una de sus consecuencias fue la confirmación para los seguidores más estrechos de la dictadura cubana de que los comicios nunca tendrían que haberse convocado. Sin embargo, lejos de asumir una postura de desquite, la nueva presidenta asumió desde el principio una voluntad innegable de reconciliación nacional que se puso de manifiesto en apenas unos meses en avances tan relevantes como el desarme de los contras y la reducción de unas fuerzas armadas controladas por los sandinistas. La paz y la libertad habían llegado a Nicaragua y allí permanecerían siquiera por unos años.

En El Salvador el proceso fue más dilatado. En enero de 1989, el FMLN —que era consciente de su imposibilidad de triunfo por la vía armada— presentó una propuesta para la paz en la que pedía que las elecciones de marzo se retrasaran hasta septiembre para poder participar en ellas como partido político. La propuesta era sugestiva en la medida en que abría la puerta a transformar una fuerza armada en meramente política, facilitando su integración en el sistema constitucional. El presidente Duarte no lo vio con desagrado, pero era víctima de un cáncer terminal y la democracia cristiana que había dirigido estaba enormemente erosionada. Por su parte, ni las fuerzas armadas ni la Alianza Republicana Nacionalista (Arena)[20] estaban dispuestas a conceder baza alguna a una fuerza con la que se habían enfrentado durante años.

El 19 de marzo de 1989, Arena triunfó en las elecciones con amplitud y Alfredo Cristiani, el nuevo presidente, dejó de manifiesto desde el principio que no negociaría con el FMLN. Que este no tenía la menor posibilidad de imponerse mediante la violencia resultaba obvio, pero no lo era menos que se trataba casi de la única arma de que disponía. Esa circunstancia explica que se decidiera en noviembre de ese año una nueva ofensiva. La finalidad no era alcanzar la imposible victoria sino forzar la negociación. Para algunos de los protagonistas de aquellas horas, la ofensiva habría sido el equivalente en El Salvador a la ofensiva del Tet durante la guerra de Vietnam, una derrota militar que habría puesto de manifiesto, sin embargo, que los atacantes nunca serían totalmente derrotados.[21] Así fue y factores decisivos en alcanzar esa meta, a pesar de la derrota militar de la guerrilla, fueron tanto el asesinato, atribuido al ejército, de seis jesuitas de la UCA[22] —Universidad Centroamericana José Simeón Cañas— relacionados con la ayuda a las negociaciones que deseaba la guerrilla, como la llegada de la violencia del FMLN hasta los barrios más elevados de San Salvador. Convencido de la imposibilidad de imponerse por las armas, el gobierno de Cristiani aceptó eventualmente negociar, una disposición a la que se sumaron una iniciativa de la Asamblea General de la ONU y la labor del secretario general de la misma organización. Tras un bienio de negociaciones, los acuerdos de paz entre el gobierno de El Salvador y el FMLN se suscribieron en México, el 16 de enero de 1992. El FMLN se había convertido en fuerza estrictamente política aunque aún tardaría en llegar al poder.

Todavía más prolongado fue el proceso de paz de Guatemala, que se extendió a lo largo de casi una década. El punto de partida fueron las conversaciones de Madrid de 1987 —que seguían la estela de Esquipulas II— y la conclusión no llegó sino hasta diciembre de 1996 con la firma del tratado de paz. La intervención de las Naciones Unidas resultó especialmente relevante a partir de 1994.

Posiblemente una mancha mayor en una época marcada por el intento del istmo de salir de años de violencia y desolación fuera un episodio surgido en el exterior y que subrayaba lo meritorio de articular una política independiente. Nos referimos a la invasión de Panamá por el ejército de los Estados Unidos iniciada el 20 de diciembre de 1989. Su finalidad anunciada era capturar al presidente, general Manuel Antonio Noriega, acusado de complicidad con el narcotráfico. Concluyó así una época de tensión entre Noriega —quien había trabajado para la CIA— y los Estados Unidos, que se había iniciado en 1984 cuando el general panameño exigió y consiguió el cierre de la Escuela de las Américas[23] en territorio panameño. La institución —de controvertida historia— había servido para que los Estados Unidos formaran militares de toda Hispanoamérica en la lucha contra el comunismo. En 1985 Noriega obligó a renunciar al presidente Nicolás Ardito Barletta, que contaba con el respaldo de Washington y que había intentado esclarecer el asesinato de Hugo Spadafora, un opositor que había acusado a Noriega de estar relacionado con diversos homicidios y con el narcotráfico. Cuando al año siguiente Noriega apartó de su puesto al coronel Roberto Díaz Herrera, el segundo al mando de las fuerzas armadas, la reacción del militar depuesto fue declarar en público que Noriega había sido culpable de fraude electoral en 1984 y cómplice de la muerte de Torrijos.

La situación no dejó de enrarecerse, hasta que en 1988 Eric del Valle, en su calidad de presidente de la República, destituyó a Noriega como jefe de las Fuerzas de Defensa. Noriega se negó a someterse y aprovechó su ascendente sobre el ejército para provocar la fuga de Eric del Valle, que se refugió en la embajada norteamericana. La respuesta de los Estados Unidos fue desencadenar un bloqueo contra Panamá que no tardó en provocar una severa crisis económica, que incluyó la congelación de la actividad bancaria para evitar la fuga de capitales. La intención de los Estados Unidos era que Noriega se retirara del poder, pero sus esfuerzos resultaron infructuosos. Finalmente, el 7 de mayo de 1989 se celebraron las elecciones presidenciales en las que se enfrentaron Guillermo Endara, candidato de la oposición, y Carlos Duque Jaén, respaldado por Noriega. Endara se impuso más que sobradamente, pero el tribunal electoral recibió órdenes de declarar suspendidas las elecciones. En septiembre, el vencedor de los comicios se vio imposibilitado de asumir la presidencia, se suspendió la constitución y se designó al frente del ejecutivo a Francisco Rodríguez, un personaje cercano a Noriega.

Al mes siguiente tuvo lugar un intento de golpe de Estado respaldado por los Estados Unidos y dirigido por el mayor Moisés Giroldi Vera. El plan fracasó porque el helicóptero enviado por las fuerzas armadas de los Estados Unidos no llegó a tiempo. Las consecuencias no se hicieron esperar. Giroldi y sus seguidores fueron fusilados por orden directa de Noriega.

El 15 de diciembre del mismo año la Asamblea Legislativa otorgó poderes especiales a Noriega designándolo Jefe del Gabinete de

Guerra. Inmediatamente, declaró que Panamá se encontraba en estado de guerra contra los Estados Unidos. Se trató de un paso de enorme irresponsabilidad que tendría trágicas consecuencias. Cinco días después, el presidente George H. W. Bush autorizó la operación militar denominada *Causa justa*, cuyo objetivo era la invasión de Panamá. Las razones alegadas por Bush fueron el deseo de proteger la vida de los ciudadanos estadounidenses que residían en Panamá, la defensa de la democracia y los derechos humanos, la detención de Noriega por delitos de tráfico de drogas y el cumplimiento del tratado Torrijos-Carter.

Las tropas norteamericanas disponían de no menos de 50 000 efectivos que debían enfrentarse con los apenas 12 000 soldados panameños dotados de una fuerza aérea poco más que simbólica. En esta operación la fuerza aérea norteamericana probó armamento de última generación, como los bombarderos furtivos F-117 Nighthawk o los helicópteros de combate AH-64 Apache utilizados en una serie de bombardeos y acciones militares devastadoras. El número de muertes civiles fue elevado en la medida en que se alcanzaron muchos edificios no militares y, por ejemplo, el barrio de El Chorrillo fue objeto de operaciones especialmente destructivas.

La invasión —que no fue precedida de declaración de guerra— fue objeto de condena por parte de la Asamblea General de la ONU y de la OEA, pero semejante circunstancia no evitó su triunfo aplastante ni que Noriega, derribado de manera fulminante, huyera refugiándose en la nunciatura.

Mientras se producía la invasión, Guillermo Endara fue nombrado presidente en una base militar de los Estados Unidos. Sin embargo, ese paso no significó la estabilidad ni el orden. Dadas la ausencia de policía y la pasividad de las tropas norteamericanas, el saqueo y el vandalismo se dispararon en distintas localidades panameñas. Era un terrible colofón para un conflicto breve en el que, según el Comando Sur del ejército de los Estados Unidos, se produjo la muerte de 314 soldados panameños, 202 civiles de la misma nacionalidad y 23 soldados estadounidenses, si bien la cifra de panameños que encontraron la muerte, según otras estimaciones, es más posible que se acercara a los 3 000.

Finalmente, Noriega se entregó y, trasladado a los Estados Unidos, fue juzgado y condenado a 40 años de prisión. También fue enjuiciado en ausencia en Panamá y condenado a 15 años por el asesinato de Hugo Spadafora, a otros 20 por la matanza de Albrook y el fusilamiento de miembros de las fuerzas de defensa de Panamá, a 20 más por la muerte de Moisés Giroldi, a cinco por un delito contra la libertad individual de Humberto Macea y, finalmente, a 18 meses por corrupción de funcionarios. La cascada de condenas no significó, sin embargo, el final del narcotráfico en la zona como se había anunciado de manera voluntarista. Sí tuvieron lugar otros efectos más positivos derivados del derrocamiento de Noriega. Al final de la dictadura militar se sumó la abolición del ejército y, finalmente, el 31 de diciembre de 1999, en cumplimiento del tratado Torrijos-Carter tuvo lugar la salida del último soldado estadounidense de territorio panameño y la reversión del territorio de la zona del canal a la plena soberanía de Panamá. Para entonces, terminada la Guerra Fría, parecía que el siglo concluiría de manera prometedora.

Notas

[1] Sobre el papel de los indígenas en los conflictos armados, véase Comisión para el Esclarecimiento Histórico, *Guatemala. Memoria del silencio*, Guatemala, UNOPS (12 vols.), 1999; Y. Le Bot, *La guerra en tierras mayas. Comunidad, violencia y modernidad en Guatemala (1970-1992)*, México, Fondo de Cultura Económica; M. Payeras, *Los pueblos indígenas y la revolución guatemalteca. Ensayos étnicos, 1982-1992*, Guatemala, Magna Tierra Editores, 1992.

[2] Sobre el tema, véase J. Schirmer, *The Guatemalan Military Project: A Violence called Democracy*, Filadelfia, University of Pennsylvania Press, 1998; C. D. Sesereses, «The Guatemalan Counterinsurgency Campaign of 1982-1985: A Strategy of Going It Alone», en E. G. Corr y S. Sloan (eds.), *Low-Intensity Conflict. Old Threats in a New World*, Boulder, Westview Press, 1992, pp. 101-123.

[3] D. Stoll, *Rigoberta Menchu and the Story of All Poor Guatemalans*, Boulder, Westview Press, 2007.

[4] Sobre la guerrilla en Guatemala y sus antecedentes, véase H. A. Gramajo Morales, *Alrededor de la bandera. Un análisis praxiológico del enfrentamiento armado en Guatemala, 1960-1966*, Guatemala, Tipografía Nacional, 2003; K. Kampwirth, *Women and Guerrilla Movements: Nicaragua, El Salvador, Chiapas, Cuba*, University Park, Pensilvania, The Pennsylvania State University Press, 2002; R. Morán [R. Ramírez de León], *Saludos revolucionarios. La historia reciente de Guatemala desde la óptica de la lucha guerrillera (1984-1996)*, Guatemala, Fundación Guillermo Torriello, 2002; S. Santa Cruz Mendoza, *Insurgentes. Guatemala, la paz arrancada*, Santiago de Chile, LOM Ediciones, 2004.

[5] En ese sentido se expresó Francisco Altschul en conversación con el autor el 20 de octubre de 2015.

[6] La composición ideológica del FMLN seguirá siendo objeto de discusión durante mucho tiempo. A pesar de la tutela de la Cuba Castrista, su composición puede que no fuera mayoritariamente comunista. En torno a este tema giró parte de la conversación del autor con Francisco Altschul el 20 de octubre de 2015; Altschul insistió en que el FMLN era un movimiento endógeno y no marxista aunque en sus filas hubiera comunistas. De hecho, la influencia de la Teología de la Liberación y de la Iglesia católica había sido extraordinariamente clara.

[7] Ambos extremos sopesados en la conversación del autor con Francisco Altschul el 20 de octubre de 2015.

[8] Sobre el tema, véase *The* CIA'*s Nicaragua Manual. Psychological Operations in Guerrilla Warfare*, Nueva York, Random House, 1985.

[9] Acerca de la «piñata» con distintos puntos de vista, véase J. Wheelock, *La verdad sobre La Piñata. Los cambios en la propiedad agraria, julio 1979-abril 1990*, Managua, Instituto para el Desarrollo de la Democracia, 1991; A. Zamora, «La piñata: Algunas reflexiones», en *Envío* 171, junio de 1996, pp. 12-15.

[10] Sobre los procesos de paz, véase C. J. Arnson (ed.), *Comparative Peace Processes in Latin America*, Washington, Woodrow Wilson Center Press/Stanford University Press, 1999; K. Biekart, *The Politics of Civil Society Building. European Private Aid Agencies and Democratic Transition in Central America*, Amsterdam, Transnational Institute, 1999; J. Dunkerley, *The Long War: Dictatorship and Revolution in El Salvador*, Londres, Verso, 1985; J. Dunkerley, *Power in the Isthmus. A Political History of Modern Central America*, Londres, Verso, 1988; J. Dunkerley, *The Pacification of Central America*, Londres, University of London-Institute of Latin American Studies, Research Paper 34, 1993; J. Hernández Pico, *Terminar la guerra, traicionar la paz. Guatemala en las dos presidencias de la paz: Arzú y Portillo (1996-2004)*, Guatemala, Flacso, 2005; C. G. Ramos González, *Solución política negociada y fuerzas sociales mayoritarias en El Salvador (1984-1990)*, San José, Universidad de Costa Rica/Flacso, tesis de maestría, 1993; K. Walter, *Las Fuerzas Armadas y el acuerdo de paz. La transformación necesaria del ejército salvadoreño*, San Salvador, Flacso, 1997; P. Williams y K. Walter, *Militarization and Demilitarization in El Salvador's Transition to Democracy*, Pittsburgh, University of Pittsburgh Press, 1997.

[11] Sobre el caso Irán-Contra, véase P. Kornbluh, y M. Byrne *The Iran-Contra Scandal. The Declassified History*, Nueva York, The New Press, 1993. El testimonio de Oliver North puede hallarse en O. L. North y W. Novak, *Under Fire. An American History*, Nueva York, Zondervan, 1991.

[12] Al respecto, véase Internacional Court of Justice, *Case concerning military and paramilitary activities in and against Nicaragua. Nicaragua v. United States of America. Request for the Indication of Provisional Measures*, La Haya, ICJ, 10 de mayo de 1984, lista general núm. 70, 1984.

[13] Una versión cinematográfica del episodio es la película *Kill the Messenger* dirigida por Michael Cuesta y basada en el libro de G. Webb, *Dark Alliance*, 1999 y el de N. Schou, *Kill the Messenger*, 2014.

[14] Sobre la política de reconciliación, véase J. Balconi y D. Kruijt, *Hacia la reconciliación. Guatemala, 1960-1996*, Guatemala, Piedra Santa, 2004; K. Biekart, *The Politics of Civil Society Building. European Private Aid Agencies and Democratic Transition in Central America*, Ámsterdam, Transnational Institute, 1999; R. Brett, *Movimiento social, etnicidad y democratización en Guatemala, 1985-1996*, Guatemala, F&G Editores, 2006; J. L. Domínguez y M. Lindenberg (eds.), *Democratic Transitions in Central America*, Gainesville, University Press of Florida, 1997; J. Hernández Pico, *Terminar la guerra, traicionar la paz. Guatemala en las dos presidencias de la paz: Arzú y Portillo (1996-2004)*, Guatemala, Flacso, 2005; T. Juhn, *Negotiating Peace in El Salvador. Civil-Military Relations and the Conspiracy to End the War*, Houndmills, Macmillan (International Political Economy Series); C. G. Ramos González, *Solución política negociada y fuerzas sociales mayoritarias en El Salvador (1984-1990)*, San José, Universidad de Costa Rica/Flacso, tesis de maestría, 1993; J. Spence, *La guerra y la paz en América Central: Una comparación de las transiciones hacia la democracia y la equidad social en Guatemala, El Salvador y Nicaragua*, Brookline, Massachusetts, Hemisphere Initiatives, 2004; P. Williams y K. Walter, *Militarization and Demilitarization in El Salvador's Transition to Democracy*, Pittsburgh, University of Pittsburgh Press, 1997.

[15] Fue la opinión de Brian Lattel, analista de la CIA, en conversación con el autor en diciembre de 2015.

[16] Sobre la gestión económica de los sandinistas, véase E. V. K. Fitzgerald, «The Economics of the Revolution», en T. W. Walker (ed.), *Nicaragua in Revolution*, Nueva York, Praeger, 1982, pp. 203-220; E. V. K. Fitzgerald, «Agrarian reform as a model of accumulation: the case of Nicaragua since 1979», *Journal of Development Studies* 22 (1), 1982, pp. 208-220; E. V. K. Fitzgerald, «Stabilization and economic justice: the case of Nicaragua», en K. S. Kim y D. F. Ruccio (eds.), *Debt and Development in Latin America*, Notre Dame, University of Notre Dame Press, 1985, pp. 191-204; E. V. K. Fitzgerald, «An evaluation of the economic costs of US aggression against Nicaragua», en R. Spalding (ed.), *The Political Economy of Revolutionary Nicaragua*, Nueva York, Allen & Unwin, 1986, pp. 195-213; E. V. K. Fitzgerald, «Recent developments and perspectives of the economy in the Sandinista revolution», en *Nordic Journal of Latin American Studies* 17 (1-2), 1987, pp. 69-72; E. V. K. Fitzgerald, «Notas sobre fuerza de trabajo y la estructura de clases en Nicaragua», en *Revista Nicaragüense de Ciencias Sociales* 2, pp. 34-41, 1987; D. J. Flakoll y C. Alegría, *Nicaragua: La revolución Sandinista. Una crónica política, 1855-1979*, 2ª ed., Managua, Anamá Ediciones, 2004.

[17] Acerca de la política exterior sandinista, véase E. A. Lynch, *The Cold War's Last Battlefield. Reagan, the Soviets and Central America*, Nueva York, SUNY, 2011, pp. 123 y ss.; A. Zamora, «4000 días de soberanía. La política exterior sandinista», Envío 110, año 9, diciembre, 1990, pp. 32-44.

[18] Al respecto, resulta muy interesante el testimonio del sandinista Ernesto Cardenal —que recoge a su vez otros— en *La revolución perdida*, México, Fondo de Cultura Económica, 2005, pp. 444 y ss.

[19] Sobre la derrota sandinista, véase G. Cortés Domínguez, *La lucha por el poder. Revés electoral sandinista*, Managua, Nueva Nicaragua, 1990.

[20] Sobre Arena, véase Y. Baires Martínez, «Orígenes y formación del partido Arena (1979-1982)», en G. Bataillon *et al.*, *Centroamérica entre democracia y desorganización. Análisis de los actores y de los sistemas de acción de los años 1990*, Guatemala: Flacso/CEMCA, 1994, pp. 29-49. Sobre el controvertido mayor d'Aubuisson, véase G. Galeas, *Mayor Roberto D'Aubuisson: El rostro más allá del mito*, San Salvador, La Prensa Gráfica, edición especial, 7 de noviembre de 2004.

[21] Testimonio de Francisco Altschul en entrevista con el autor el 20 de octubre de 2015.

[22] Sobre el tema, véase M. Doggett, *Death Foretold: The Jesuit Murders in El Salvador*, Nueva York, Lawyers Committee for Human Rights, 1993; L. A. González, *Izquierda marxista y cristianismo en El Salvador, 1970-1992 (Un ensayo de interpretación)*, México, Flacso, tesis de maestría, 1994; T. Whitfield, *Pagando el precio. Ignacio Ellacuría y el asesinato de los jesuitas en El Salvador*, San Salvador, UCA Editores, 1998.

[23] Una visión notablemente crítica de la institución en L. Gill, *Escuela de las Américas. Entrenamiento militar, violencia política e impunidad en las Américas*, Santiago, LOM, 2005.

PARTE IV

RETOS DEL TERCER MILENIO

CAPÍTULO X

Después de la Guerra Fría

Tareas del día después

La década de los ochenta constituyó, a la vez, el punto álgido de la Guerra Fría en Centroamérica y el inicio de la esperanza de una nueva era. A su término, las dictaduras, ya fueran militar como la panameña, o marxista como la sandinista, habían desaparecido del mapa político. Más importante aún era el hecho de que el desplome de la Unión Soviética convertía en prácticamente imposible la prolongación de las distintas guerras civiles y la intervención armada de los Estados Unidos. Todo ello, unido a episodios relevantes como Esquipulas II, llevó a confiar en una mejora generalizada de la situación. Sin embargo, los problemas reales de Centroamérica, en realidad agravados de manera trágica por la Guerra Fría, eran muy anteriores a esta y perduraron tras su final.

En 1996 concluyó la guerra civil en Guatemala con un acuerdo impulsado por las Naciones Unidas y respaldado de manera preeminente por España y Noruega. Las concesiones realizadas por el gobierno guatemalteco fueron muy considerables y no sólo porque se entregaron tierras a los antiguos miembros de las guerrillas sino también porque se aceptó la formación de una Comisión de la Verdad —la Comisión para la clarificación histórica— que llegó a discutibles conclusiones como las de que más de 93% de las violaciones de derechos humanos habían sido cometidas por fuerzas entrenadas por la Agencia Central de Inteligencia (CIA) o que se había perpetrado un genocidio. No cabe duda de que la afirmación servía para culpar a los Estados Unidos de la aplastante mayoría de las atrocidades cometidas[1] durante el conflicto, al igual que para exculpar a la guerrilla —la creadora de un caldo de cultivo que derivó en episodios de violencia sobrecogedora— y para crear un cargo de genocidio, más que discutible, que servía para deslegitimar y proporcionar una supuesta hiperlegitimidad a sectores distintos de la sociedad guatemalteca. Cuestión aparte es que esas conclusiones se correspondieran con la verdad histórica. De hecho, en no escasa medida constituían, por su carácter sesgado, un instrumento para perpetuar por otros cauces el desgarro social que había sufrido Guatemala durante las décadas previas.

Una evolución paralela, pero con resultados algo mejores, fue la experimentada por El Salvador. Los acuerdos de paz de Chapultepec suscritos en enero de 1992 entre el gobierno y el Frente Farabundo Martí para la Liberación Nacional (FMLN) pusieron fin a la guerra civil y además implicaron la reducción del ejército y la disolución de cuerpos policiales tanto oficiales como paramilitares. La Comisión de la Verdad para El Salvador se encargó de investigar los actos graves de violencia que hubieran podido perpetrarse desde 1980, así como su naturaleza y efectos y los métodos para promover la reconciliación nacional. La Comisión alcanzó sus conclusiones en 1993 y cinco días más tarde el legislativo salvadoreño aprobó una ley de amnistía que se aplicaba a todos los actos de violencia cometidos durante el periodo. De esa manera, sobre una masa inmensa de dolor, se establecían los cimientos de una verdadera reconciliación nacional. Significativamente, estos acontecimientos —paz y reconciliación— tuvieron lugar durante unos años en que los salvadoreños votaron de manera mayoritaria a la derechista Arena. Desde 1989 hasta 2004, todos los presidentes —Alfredo Cristiani, Armando Calderón Sol, Francisco Flores Pérez— pertenecieron al citado partido. En términos económicos, las reformas llevadas a cabo durante la última década del siglo XX lograron una diversificación del sector exportador, un acceso a las inversiones extranjeras e incluso una mejora de las condiciones sociales. A pesar de todo, El Salvador inició el siglo XXI sufriendo lacras que existían antes de la guerra civil y que se agudizaron con sus secuelas. El crimen, la corrupción, la inseguridad jurídica eran realidades innegables que repercutieron en la erosión del apoyo que había recibido Arena y que fue abriendo el camino para que el FMLN se fuera acercando, paso a paso, al poder.

La evolución de Honduras resultó distinta a la de Guatemala y El Salvador en la medida en que su participación en las guerras civiles del istmo fue, a lo sumo, tangencial, ya que se había limitado a tener bases militares en su territorio donde actuaban tropas de los Estados Unidos y de los contras y a combatir alguna guerrilla como el Movimiento de Liberación Popular Cinchoneros que nunca alcanzó la relevancia de los frentes que habían actuado en Nicaragua y El Salvador.

Exenta de las desgracias que habían asolado a sus vecinos, en 1998 Honduras sufriría los efectos del huracán Mitch. La desolación sembrada por este fenómeno natural resultó de tal envergadura que el presidente Carlos Roberto Flores afirmó —y probablemente no exageraba— que el huracán había destruido 50 años de progreso. Indiscutible resulta que 70% de las cosechas se perdieron al igual que 80% de la infraestructura destinadas al transporte. De hecho, prácticamente la totalidad de los caminos secundarios y de los puentes se vieron dañados. A ello hay que añadir más de 80 000 viviendas afectadas —casi un tercio de manera irreparable— y no menos de 5 000 vidas humanas perdidas. En términos absolutos, el huracán Mitch causó destrozos por valor no inferior a los 3 000 millones de dólares. Honduras iba a salir del siglo no sólo con las lacras seculares de corrupción, inseguridad jurídica y aumento de la delincuencia sino también con una economía devastada.

Capítulo especial merece el caso de Nicaragua. La nación estaba desolada económicamente a inicios de la última década y no a causa de un fenómeno natural sino de la presencia de los sandinistas en el poder. Es cierto que la guerra había contribuido no poco a deteriorar la situación económica en el país, pero no se puede pasar por alto las sumas realmente notables de ayuda económica que recibió no sólo del bloque soviético sino también de otras naciones y, de manera sobresaliente, la gestión económica de los sandinistas que vino marcada por la ineficacia y la corrupción. El Frente Sandinista abandonó el poder sin haber solucionado ni uno solo de los problemas sociales que padecía Nicaragua y después de haber creado otros adicionales. La herencia que recibía, pues, en 1990, Violeta Chamorro[2] —la primera mujer presidenta de la historia de América— estaba más que condicionada por una enorme carga negativa. Sin embargo, su periodo de gobierno registró no pocos logros positivos que además se produjeron en distintos escenarios tanto políticos como sociales.

A diferencia de lo sucedido en Guatemala, Violeta Chamorro buscó la reconciliación nacional y no la deslegitimación de una parte del abanico político en favor de otra. En ese sentido, pudo a la vez desmovilizar a la contra —un factor de no pequeño peso en el hecho de que los sandinistas aceptaran al final celebrar elecciones libres— y reducir los efectivos del ejército sin despreciar ni estigmatizar a ninguna de las partes. Por añadidura, Violeta Chamorro demostró tener una capacidad de gestión en el terreno económico de la que carecieron siempre los sandinistas más allá de las soflamas propagandísticas. La política de privatizaciones llevada a cabo por Violeta Chamorro afectó a la banca, las minas, la salud, la educación y el transporte y tuvo como consecuencias directas la disminución de la tasa de inflación que había sido elevadísima en el periodo de gobierno sandinista, el despegue del crecimiento económico y el aumento de las exportaciones. A pesar de las secuelas marcadamente negativas de la revolución, lo cierto es que Nicaragua entró en un proceso innegable de reconstrucción. Es cierto también que no fueron pocos los que se sintieron excluidos tras abandonar el ejército e intentar reintegrarse a la vida civil, pero la situación económica fue mejor de un modo considerable, a la conocida durante el sandinismo.

En 1996, los electores llevaron al poder a Arnoldo Alemán, el candidato del Partido Liberal Constitucionalista. Haber continuado la política de Violeta Chamorro habría garantizado, de forma muy posible, el éxito del mandato, pero a la gestión se sumaron las acusaciones de nepotismo presidencial que aparecieron en medios cercanos a los sandinistas y a liberales disidentes. Con todo, como en el caso de Honduras, la realidad política, no precisamente alentadora, se vio eclipsada por el paso del huracán Mitch en octubre de 1998.

La cifra de los damnificados no resultó inferior al millón; murieron cerca de 4000 personas, una cifra luctuosa a la que hay que sumar 5000 desaparecidos. La catástrofe —que aniquiló no pocos de los logros de la presidencia de Violeta Chamorro— sirvió de excelente telón de fondo para que los sandinistas bloquearan el proyecto de despolitización del ejército que deseaba llevar a cabo el presidente Alemán. La medida era justa en cuanto a que pretendía convertir a las fuerzas armadas en una institución nacional y no partidista. Sin embargo, para el Frente Sandinista significaba perder su poder sobre un organismo de no escasa relevancia. A decir verdad, implicaba renunciar a un extraordinario mecanismo de presión sobre el poder civil.

Con relativa facilidad, los sandinistas lograron unir las protestas de campesinos y de estudiantes a su defensa de la pervivencia de un ejército controlado por el Frente Sandinista de Liberación Nacional (FSLN). En 1999, Nicaragua se encontró inmersa en una crisis innegable que en nada favorecía a la deteriorada situación económica y política. Sin embargo, el recuerdo de lo que había sido el periodo de gobierno sandinista siguió manteniendo al Frente apartado del poder. El 4 de noviembre de 2001 fue elegido presidente Enrique Bolaños del Partido Liberal Constitucionalista.

Tras la intervención de los Estados Unidos y el derrocamiento de Noriega las fuerzas de defensa de Panamá fueron abolidas con efecto retroactivo al 22 de diciembre de 1989 y, en su lugar, se crearon entidades como la policía nacional, el servicio marítimo nacional, el servicio aéreo nacional y el servicio de protección institucional. La abolición del ejército culminaría, por primera vez desde 1968, en un proceso electoral limpio que llevaría al poder al candidato de la oposición Ernesto Pérez Balladares. Cinco años después sería Mireya Moscoso, viuda del presidente Arnulfo Arias, quien ganaría las elecciones. Sería la primera mujer en alcanzar ese mandato en Panamá. El año resultaría emblemático porque el 31 de diciembre de 1999, en cumplimiento de los tratados Torrijos-Carter, Panamá asumió el control total del canal. Como en otras naciones de Centroamérica, el siglo concluía con motivos para la esperanza.

La última década del siglo xx en Costa Rica estuvo marcada de manera dramática por huracanes y terremotos. A pesar de los daños ocasionados por estos fenómenos naturales, el panorama político afortunadamente fue más sosegado. En 1990 ganó las elecciones Rafael Ángel Calderón Fournier, hijo de Calderón Guardia. El nuevo presidente se enfrentó con los desastres naturales, pero, de manera relevante, suscribió tratados de libre comercio con Panamá y México. Su sucesor en el cargo, José María Figueres Olsen, hijo de Figueres Ferrer, profundizaría aún más las medidas de avance liberal. Durante su mandato, Bill Clinton, abandonando una política de distanciamiento hacia Hispanoamérica, visitó el país, pero, sobre todo, la nación disfrutó de la llegada de la compañía Intel de microprocesadores y de la creación de los Equipos Básicos de Atención Integral en Salud (EBAIS). En 1995 se llegó al denominado pacto Figueres-Calderón, que pretendía adoptar una serie de medidas liberalizadoras para mejorar la situación económica y la marcha de la administración. Por supuesto, las clientelas que se veían afectadas por el proceso de racionalización no tardaron en movilizarse en su contra calificándolo con uno de los remoquetes habituales en la izquierda, el de neoliberal.

Comenzando por los maestros nacionales —que no tuvieron el menor problema en suspender las clases— y siguiendo por empleados de la salud pública y de las universidades públicas, la huelga se acabó extendiendo a una treintena de gremios cuyos privilegios se veían afectados por el acuerdo. Duró el paro más de un mes y el gobierno se vio obligado a ceder en varios de los aspectos, aunque no lo hizo en lo relativo a la ley de pensiones. Ni siquiera esas concesiones no poco discutibles salvaron la imagen de Figueres, que se vio obligado a salir escoltado del Parque Nacional el 15 de septiembre, día de la independencia, para evitar ser agredido por los estudiantes de secundaria. La situación del presidente era tan inestable que frente a él acabaron situándose también el ministro de la presidencia, el presidente ejecutivo del Banco Central y el coordinador del área social. Los tres dimitieron de sus cargos y provocaron una crisis de gabinete. Tampoco faltaron los que decidieron manifestar su oposición a las concesiones. Por ejemplo, Juan Diego Castro, el ministro de seguridad, rodeó la sede de la Asamblea legislativa con policías en acto de protesta por la negativa a aprobar una serie de reformas que afectaban al código penal. El legislativo reaccionó exigiendo su dimisión y pronunciando el primer voto de censura en contra de un ministro durante todo el periodo de la segunda República.

Las reformas liberalizadoras —innegablemente necesarias, pero que, sin duda, chocaban con intereses y privilegios de determinados segmentos sociales— mostraban señales indubitadas de estancamiento antes de que concluyera el siglo xx. De hecho, tras su elección en 1998 el presidente Miguel Ángel Rodríguez Echeverría no conseguiría privatizar el Instituto Costarricense de Electricidad (ICE). El episodio dejaba de nuevo de manifiesto la resistencia a la flexibilización, indispensable para el desarrollo económico, por parte de sectores privilegiados relacionados con la administración pública. Apelando a las supuestas bondades del sector público se impedían reformas cuyo desarrollo habría redundado en beneficios de la colectividad.

El ICE es una empresa estatal que durante años ha contado con el monopolio de los servicios de electricidad y telecomunicaciones, formando parte del denominado Grupo ICE junto a la Radiográfica Costarricense S. A. (Racsa) y a la Compañía Nacional de Fuerza y Luz (CNFL). La entidad nació como una institución estatal autónoma el 8 de abril de 1949 por el Decreto Ley número 449 durante la gestión de la Junta de Gobierno que rigió la nación tras la guerra civil de 1948. Su creación obedecía, pues, a una visión estatalista que pretendía que el Estado y no la iniciativa privada se ocupara de solventar problemas nacionales, en este caso, la falta de un suministro eléctrico adecuado que había resultado patente en el curso de la citada década. A partir de 1963 el ICE además se ocupó de brindar el servicio de telecomunicaciones.

Las reformas de finales del siglo XX intentaron añadir racionalidad al ICE mediante una liberalización que contaba con paralelos en todo el orbe. Sin embargo, semejantes pasos chocaron con la reacción de los segmentos privilegiados del sector público, inquietos por el fin del monopolio y por la perspectiva de tener que competir en un mercado libre en términos de eficacia y rentabilidad. Las reformas eran tan obviamente necesarias que fueron impulsadas en conjunto por el Partido de Unidad Social Cristiana (PUSC) y el Partido de Liberación Nacional (PLN), que estaba en la oposición. Sin embargo, la reacción de los sectores privilegiados fue encarnizada hasta el punto de desencadenar en tan sólo dos semanas nada menos que 274 acciones de protesta en lo que se conocería popularmente como el Combo del ICE.

Como en tantas ocasiones a lo largo de la historia, los privilegiados no pudieron oponerse de manera indefinida al avance de los tiempos. En 2004 se procedió a la firma del Dominican Republic-Central America Free Trade Agreement (DR-CAFTA), o Tratado de Libre Comercio entre República Dominicana, Centroamérica y los Estados Unidos de América (TLC) lo que se tradujo en la creación de una zona de libre comercio entre los países firmantes y en la conversión en permanente de los beneficios para 80% de productos centroamericanos que brinda la Iniciativa de la Cuenca del Caribe (icc). De esa manera, el mercado de las telecomunicaciones dejó de ser un monopolio estatal y, a partir de 2011, las telefónicas América Móvil y Telefónica, por medio de Claro y Movistar respectivamente, competirían contra el ice en el terreno del mercado celular. Sin embargo, el episodio había puesto de manifiesto hasta qué punto reformas indispensables y en beneficio de toda la comunidad iban a chocar con intereses creados.

A pesar de sus limitaciones, y con los matices que se deseen, las distintas naciones de Centroamérica salieron del siglo xx con expectativas mayores o menores de mejoras en su devenir. Sin embargo, los años siguientes iban a dejar de manifiesto la aparición de problemas hasta cierto punto nuevos, las tentaciones de un populismo de izquierda que ya se había dado cita en otras partes del continente y la persistencia de esquemas mentales que habían perdurado a lo largo de los siglos dejando una herencia trágica.

Notas

[1] En 1999, el presidente Clinton lamentó públicamente la ayuda que los Estados Unidos había proporcionado a los gobiernos guatemaltecos. La afirmación de Clinton carecía de los matices necesarios y, por supuesto, no tuvo paralelos en los gobernantes de otras naciones, como Cuba, que tuvieron un papel no pequeño en el desarrollo de la guerra civil en Guatemala.

[2] Sobre Violeta Chamorro, véase R. Cajina, *Transición política y reconversión militar en Nicaragua, 1990-1995*, Managua, cries, 1997; D. Close, *Los años de doña Violeta. La historia de la transición política*, Managua, Grupo Editorial Lea, 2005; A. Lacayo Oyanguren, *La difícil transición nicaragüense. En el gobierno con doña Violeta*, Managua, pavsa, 2005.

CAPÍTULO XI

Entre el estancamiento y la continuidad de los problemas de siglos

Entrada en el nuevo milenio

La década final del siglo xx estuvo caracterizada en términos económicos por la realización, más o menos profunda, de planes de ajuste que intentaban impulsar el desarrollo económico mediante la iniciativa privada; que buscaban disminuir el peso de las clientelas privilegiadas incrustadas en el cuerpo de la administración estatal, y que pretendían, al fin y a la postre, lograr una estabilidad económica que repercutiera sus beneficios en el ámbito social. Ciertamente, a finales de siglo la recuperación económica, tras años de revolución y guerra civil, era, en no escasa medida, un hecho. Sin embargo, esa circunstancia positiva no podía ocultar otros aspectos no tan halagüeños. Así, junto al descenso de la natalidad, la tasa de emigración fue considerable, superando en el caso de El Salvador incluso la tasa bruta de mortalidad. Que una ciudad como Los Ángeles, en los Estados Unidos, llegara a convertirse en la segunda urbe con más guatemaltecos o salvadoreños resulta por cierto muy revelador. Se trataba de una emigración que, por añadidura y como suele ser habitual en naciones pobres, resultaba esencial para poder ayudar a los compatriotas que permanecían en el territorio nacional. De hecho, no menos de 5% de la población salvadoreña llegaría a depender de la ayuda recibida de paisanos que residían en el exterior.

Junto a ese fenómeno, se produjo el de un proceso creciente de supuesta indigenización. Ya señalamos algunos de sus riesgos y manipulaciones al relatar el fraude de la autobiografía de Rigoberta Menchú. No puede, sin embargo, pasarse por alto que desde la Mosquitia nicaragüense a Guatemala —donde los indígenas ya son más de 50%— el peso de los nativos en algunas de las naciones ha ido en aumento sin que los conflictos de siglos se hayan visto por eso solventados.

Ese panorama de un desarrollo innegable, pero desigual, y de un problema indígena sin apariencia de resolución ha venido acompañado de tres factores de especial relevancia como son la aparición o empeoramiento de problemas de notable gravedad, la tentación populista y la persistencia de patrones mentales que, procedentes de la época de la Conquista, obstaculizan la construcción de un mañana mejor y más próspero para todos.

En el caso de Guatemala, el siglo xx fue despedido con elecciones presidenciales, legislativas, y municipales que se celebraron el 7 de noviembre de 1999, y que se prolongaron con un desempate de elección presidencial el 26 de diciembre. Finalmente, Alfonso Portillo del Frente Republicano Guatemalteco (FRG) ganó 68% de los votos contra 32% de Óscar Berger del Partido de Avanzada Nacional (PAN). La victoria aún resultó más significativa porque Portillo ganó en la Ciudad de Guatemala, que era considerada un feudo del PAN. Llamativo es también el triunfo de Portillo porque, en el curso de la campaña, fue acusado por su relación con el presidente del FRG, el general Ríos Montt. Ciertamente, no da la sensación de que la población guatemalteca tuviera una visión tan negativa del general como la que enarbolaría la izquierda durante décadas ni tampoco que rechazara un programa de reformas liberalizadoras y de apertura internacional.

A pesar de su aplastante victoria, Portillo formó un gobierno de carácter plural en el que figuraron independientes y miembros de las comunidades indígenas. En el plano exterior, su intención era mantener una relación sana y fuerte con los Estados Unidos, aumentar la cooperación con el vecino México y avanzar en los procesos de integración del istmo y del subcontinente. Junto con ese esperanzador programa externo, Portillo se manifestaba partidario de seguir las recetas liberales que, por regla general, se traducen siempre en un elevado crecimiento económico, es decir, no elevar los impuestos, establecer un banco central que fuera independiente o aumentar la inversión en infraestructuras y capital humano. Deseoso también de restañar las heridas de la guerra civil, Portillo se comprometió a designar como ministro de defensa a un civil y a reformar las fuerzas armadas. Sobre el papel, el programa de Portillo era muy positivo y habría tenido éxito, por ejemplo, en una nación europea. En Guatemala, sus proyectos de liberalización chocaron de manera frontal con segmentos privilegiados de la población.

Para las clientelas de signo izquierdista que esperaban incrustarse en el aparato del Estado, Portillo no fue lo suficientemente rápido a la hora de financiar partidas públicas que hubieran aprovechado al conjunto de la población y se le acusó de despreciar los derechos humanos y favorecer la impunidad. En el otro extremo del arco social, el poder económico se revolvió contra un presidente que creía en la libre competencia y que, por lo tanto, se opuso a su ejercicio monopolista de la economía —vieja herencia de los Conquistadores— permitiendo la importación de cerveza —en contra de la familia Castillo—, cemento —contra la familia Novella—, carne de pollo —frente a la familia Gutiérrez— y azúcar —contra la familia Herrera—. La finalidad de Portillo era acabar con la imposición de precios artificialmente elevados, pero la reacción en contra superó a los efectos positivos de sus medidas. De hecho, la imagen del presidente se deterioró con rapidez e incluso debilitó su posición frente a los Estados Unidos ya que las importaciones de azúcar procedían de Cuba y Brasil.

Portillo leyó también las conclusiones de la Comisión Presidencial de Derechos Humanos (Copredeh) —establecida en julio de 1991 por el presidente Jorge Antonio Serrano Elías— que admitía la responsabilidad del Estado concretamente en dos matanzas cometidas por el ejército en 1982, así como en ocho crímenes de raíz política perpetrados hasta 1990. Este hecho, al igual que el proceso por el caso del obispo Gerardi Conedera, que concluyó el 7 de junio de 2001 con elevadas condenas de 30 años de prisión contra tres encausados militares, constituyeron revulsivos utilizados desde ciertos sectores contra el presidente.

Para enrarecer más el ambiente, tuvo lugar el regreso del general Ríos Montt a la política. El 6 de junio de 2003 el Registro de Ciudadanos rechazó inscribir su candidatura, una resolución que vino refrendada por otras pronunciadas por el Tribunal Supremo Electoral (TSE), el 16 de junio, y la Corte Suprema de Justicia (CSJ), el 5 de julio. Sin embargo, la Corte de Constitucionalidad (CC), equivalente al tribunal constitucional de otros ordenamientos jurídicos, dictó una resolución en favor de Ríos Montt el 14 de julio ordenando el registro de la postulación. Teóricamente, ahí debería haber concluido la controversia, pero la oposición había captado que podría utilizar el asunto como ariete contra el presidente y así, el 18 de julio la Unidad Nacional de la Esperanza (UNE) solicitó amparo a la CSJ en contra del fallo de la CC, y la CSJ accedió dos días después, dejando la candidatura en suspenso. La decisión era discutible, pero acabó siendo también utilizada contra Portillo. Cuando los días 24 y 25 de julio el caos se desató en Ciudad de Guatemala, y llegó a verse sitiado el Palacio de Justicia y también las zonas 9 y 10 nunca antes afectadas por este tipo de acontecimientos, Portillo recurrió a ordenar al ejército que restableciera el orden. Sin embargo, fue criticado por ello —a pesar de que las fuerzas armadas no se comportaron como en 1970 y 1980— a la vez que se le acusaba de no haber actuado antes. El 30 de julio, tras haber presentado Ríos Montt un nuevo recurso de ampliación y aclaración, la CC ordenó a la CSJ dejar sin efecto el amparo otorgado a la UNE, y al TSE inscribir inmediatamente la candidatura.

Al fin y a la postre, la presidencia de Portillo, que se inició con un enorme respaldo popular, constituyó una ocasión perdida. Sus medidas reformadoras —en términos generales, adecuadas— chocaron con segmentos privilegiados tanto del sector privado como del público; la corrupción continuó y la idea de una reconciliación nacional que restañara las heridas de la guerra civil se reveló como punto menos que utópica. A decir verdad, lo que cabía esperar de parte de la izquierda era una utilización sesgada y unilateral de lo sucedido, señalando sólo los muertos y las responsabilidades relacionadas con una de las partes.

En 2004 se convirtió en nuevo presidente de Guatemala Óscar Berger Perdomo. Su mandato iba a estar señalado de manera acusada por la corrupción, primero, porque pretendió perseguirla y, segundo, porque su administración incurrió en ella. La llegada de Berger al poder vino acompañada por una persecución encarnizada de los miembros de la administración anterior, incluidos altos cargos y el antiguo presidente Portillo, que se refugió en México. Estos episodios crearon la expectativa de que la corrupción pública recibiría un golpe de consideración, pero al final, lo que vino fue la sempiterna desilusión. El presidente Berger emprendió un programa ciertamente necesario de obras públicas, pero las desgracias no tardaron en hacer acto de presencia. A inicios de octubre de 2005 el huracán Stan azotó la nación causando 670 muertos, 850 desaparecidos y no menos de tres millones y medio de damnificados, con unas pérdidas globales que superaron los 1 000 millones de dólares. Al año siguiente Guatemala volvió a ser golpeada, pero esta vez por huracanes de carácter político. El 12 de diciembre de 2006 las Naciones Unidas y el gobierno guatemalteco firmaron un acuerdo para el establecimiento de una Comisión Internacional contra la Impunidad en Guatemala (CICIG). El tratado fue aprobado por la Corte de Constitucionalidad en mayo de 2007 y ratificado por el congreso el 1 de agosto del mismo año. El organismo —relacionado con la investigación de los delitos cometidos por integrantes de los cuerpos ilegales de seguridad y aparatos clandestinos de seguridad— posiblemente arrancaba de buenas intenciones, pero su eficacia iba a resultar relativa. De hecho, en febrero de 2007 fueron asesinados de un modo brutal tres diputados salvadoreños del parlamento centroamericano —Parlacen— recién llegados a Guatemala. En una consecución de hechos trágicos, los sospechosos de haber perpetrado el crimen —cuatro policías guatemaltecos— fueron enviados a la cárcel de máxima seguridad del país —El Boquerón— donde se les dio muerte. Aunque las autoridades guatemaltecas acusaron a delincuentes comunes del asesinato de los policías, distintos testigos aseguraron que existió un operativo procedente del exterior de la cárcel que perpetró los crímenes. Al fin y a la postre, el presidente no había logrado erradicar ni la corrupción oficial ni la violencia organizada, por más expectativas que hubiera despertado a inicios de su mandato.

El 14 de enero de 2008 Álvaro Colom asumió el poder como presidente. Al igual que antes había hecho Berger, Colom investigó los hechos presuntamente delictivos de la administración que lo había precedido. En agosto de 2010 serían agentes del orden españoles —cinco suboficiales de la Guardia Civil y tres inspectores del Cuerpo Nacional de Policía— los que acabaran con la antigua cúpula del gobierno de Óscar Berger, acusándolos de la comisión de asesinatos, secuestros y blanqueo de dinero. No sólo eso, el nuevo gobierno guatemalteco ordenó la busca y captura internacional de 18 altos cargos de la Policía Nacional Civil (PNC) y del antiguo ministro de Gobernación, Carlos Vielmann, el antiguo director general de la PNC, Erwin Sperisen, y el antiguo jefe de la División de Investigación de la Policía Nacional, Soto Diéguez. Se mirara como se mirase, resultaba obvio que, administración tras administración, Guatemala se mostraba incapaz de librarse de la corrupción y, de manera muy especial, de la que afectaba a las altas esferas del Estado y a las fuerzas policiales. El mismo Colom no estaba libre de ese tipo de circunstancias, cuando se tiene en cuenta que llegó a divorciarse de su esposa Sandra Torres a fin de que pudiera ser candidata a la presidencia, una eventualidad que fue descartada por los tribunales.

El 14 de enero llegó a la presidencia Otto Pérez Molina. Ese mismo mes, Efraín Ríos Montt se sentó en el banquillo, acusado de genocidio. La acusación lo responsabilizaba de un centenar de incidentes que habían tenido lugar durante su mandato y cuyo resultado habían sido muertes y violaciones así como el desplazamiento de cerca de 30 000 guatemaltecos. El proceso estuvo teñido de un pesado color político y los argumentos jurídicos de ambas partes dejaron bastante que desear. Finalmente, en agosto de 2015 la justicia guatemalteca estableció que aunque Ríos Montt fuera juzgado no se le podría sentenciar dada su elevada edad y su estado de salud. Con todo, el asunto pronto quedaría opacado por la evolución de la nueva presidencia.

Otto Pérez Molina, el nuevo presidente, había sido elegido con la primera mujer vicepresidenta de la historia de Guatemala, Roxana Baldetti. Pérez Molina era también un antiguo general relacionado con la guerra civil y pronto se vería salpicado por graves acusaciones de corrupción. El punto de partida del rosario de desventuras que se cebaron sobre la presidencia fue un informe emitido el 16 de abril de 2015 por la agencia anticorrupción de las Naciones Unidas, que acusaba a personajes de la envergadura del secretario personal de la vicepresidenta Baldetti y al director de la administración tributaria de Guatemala. Las investigaciones señalaron, por ejemplo, que una trama denominada La Línea incluía la entrega de sobornos de importadores a funcionarios que, a su vez, reducían los impuestos que debían abonar aquellos. No era nada nuevo en la historia de Guatemala, pero ahora la oposición podía recurrir a las redes sociales. Fue así como el lema «Renuncia ya» —referido a la vicepresidenta— se convirtió en *hashtag* y una manifestación organizada en Ciudad de Guatemala acabó llevando a Baldetti a dimitir. Por añadidura, se vio forzada a permanecer en el país ya que los Estados Unidos revocaron su visado. Semejante circunstancia llevó a pensar que los Estados Unidos podían estar detrás de la protesta en la busca por un gobierno que no fuera corrupto y pudiera abrir la puerta de la región a otras potencias. Lo cierto es que la situación acababa de empezar. En poco tiempo, no sólo el entorno del presidente se veía sometido a las investigaciones del CICIG. De hecho, las acusaciones contra miembros de distintos dirigentes de Libertad Democrática Renovada (líder) por sobornos acabaron con las posibilidades de que su jefe, Manuel Baldizón, pudiera llegar a la presidencia en las elecciones de septiembre de 2015. Baldizón llegó incluso a acusar al CICIG ante la OEA de inmiscuirse en los asuntos internos de Guatemala. Sin embargo, el punto álgido de la crisis estaba por llegar.

El 21 de agosto de 2015, el CICIG y la fiscal general Thelma Aldana presentaron en el curso de una rueda de prensa información que señalaba que el presidente Pérez Molina y su antigua vicepresidenta eran los dirigentes de La Línea. Dos días después Pérez Molina se dirigió a la nación mediante un mensaje televisado en el que aseguraba que no tenía intención de dimitir de su cargo. Pérez Molina disfrutaba de inmunidad legal, pero la organización empresarial más importante de la nación exigió al legislativo que retirara la inmunidad al presidente mientras las calles se llenaban con manifestantes de los orígenes más diversos. Mientras tanto, distintos miembros del gobierno salían del territorio nacional e incluso la Iglesia católica presionaba al presidente para que dimitiera.

El 26 de agosto el juez de alto impacto envió a la antigua vicepresidenta Baldetti a prisión preventiva. A esas alturas, el número de implicados era 23 y el embajador de Guatemala ante la ONU renunció a su cargo aduciendo motivos profesionales. En una situación de inestabilidad creciente, las organizaciones sindicales aprovecharon la debilidad del ejecutivo para exigir la firma de los contratos colectivos del Ministerio de Finanzas Públicas y el respeto a los ya suscritos. En paralelo, la procuraduría general exigió la dimisión del presidente. Al día siguiente, 27, haría lo mismo la Contraloría General de Cuentas de la nación. Finalmente, el 2 de septiembre el presidente, privado de la inmunidad propia de su cargo, fue objeto de una orden judicial de captura a la vez que enviaba su carta de renuncia al Congreso de la República.

Pérez Molina ingresó en prisión en medio de un clima mezcla de júbilo y de indignación y el 7 de septiembre Jimmy Morales fue elegido nuevo presidente de Guatemala. Semejante acto dejaba de manifiesto el cansancio del pueblo guatemalteco en relación con los partidos habituales y el deterioro de unas instituciones presa de la corrupción. Morales no era un político, pero había obtenido el respaldo popular por tres razones. La primera era que no guardaba relación alguna con los partidos existentes; la segunda, que como comunicador se había manifestado irónicamente crítico con los gobernantes, y la tercera, que se le consideraba persona regida por principios espirituales al ser miembro de una Iglesia evangélica. La crisis, sin embargo, no podía ser más reveladora. Al final, para intentar salir de ella los ciudadanos sólo tenían como recurso el de votar a alguien ajeno a la política y a las instituciones.

Esa percepción no se modificó lo más mínimo por más que, el 15 octubre de 2015, Pérez Molina enviara una carta a Rafael Correa, presidente del Ecuador y titular de la Comunidad de Estados Latinoamericanos y Caribeños, para que investigara su caso y condenara una supuesta injerencia del gobierno de los Estados Unidos y la cicig en el sistema de justicia guatemalteco. El caso de Guatemala podrá parecer extremo —desde algunos puntos de vista lo es— pero no resulta tan excepcional en la Centroamérica del siglo xxi.

Honduras constituye también otro caso de notable deterioro de las instituciones. Las elecciones del 25 de noviembre de 2001 llevaron al poder al empresario Ricardo Maduro, del Partido Nacional, con 52.2% de los sufragios frente a 44.2% obtenido por su adversario Rafael Pineda Ponce. Maduro enfatizó que combatiría la crisis de criminalidad e inseguridad que padecía Honduras, pero su éxito fue limitado. Es cierto que, dotado de una notable experiencia empresarial, estabilizó hasta cierto punto la economía nacional, logró la reducción de la deuda externa e incluso llevó a cabo una política de mayor proyección al adherir a Honduras al Tratado de Libre Comercio entre República Dominicana, Centroamérica y los Estados Unidos de América (cafta, por sus siglas en inglés) y enviar al Batallón Xatruch a la guerra de Irak. Sin embargo, a pesar de estos logros, ni la corrupción ni la criminalidad ni la inestabilidad experimentaron mejoras sensibles.

En enero de 2006 llegó al poder Manuel Zelaya. Los orígenes ideológicos de Zelaya estaban en el liberalismo, pero una vez en la presidencia experimentó un llamativo cambio en el terreno ideológico al acercarse al dictador venezolano Hugo Chávez. Las primeras consecuencias de ese giro fueron un distanciamiento de los Estados Unidos y la entrada de Honduras en la Alianza Bolivariana para los Pueblos de Nuestra América (Alba). Sin embargo, no se trató sólo de una reorientación de la política internacional; Zelaya ambicionaba, al igual que otros políticos en la esfera del chavismo venezolano, llevar a cabo un cambio constitucional que le permitiera permanecer de manera indefinida en el poder. De esa forma, con ropajes más o menos democráticos, se implantaría en Honduras una dictadura en beneficio propio.

Como en los casos de otras naciones hispanoamericanas, Zelaya pretendía ocultar su proyecto liberticida apelando a los menos favorecidos socialmente. El método había tenido éxito en otras partes del continente y, sobre todo, permitía estigmatizar a los que en defensa de la libertad se opusieran a él como defensores de la injusticia social. El temor a que Honduras sufriera experiencias como las padecidas por Bolivia, Ecuador o Venezuela tuvo como efecto directo la movilización de los más diversos sectores sociales. Cuando Zelaya intentó convocar un referéndum ilegal que le permitiera teóricamente violar lo establecido por la constitución, fue depuesto y el congreso eligió en sustitución suya al liberal Roberto Micheletti. La acción del legislativo había sido una reacción de defensa ante un presidente que quebrantaba la legalidad con la intención de instaurar una dictadura. Sin embargo, su destitución fue calificada como golpe de Estado y provocó diversas reacciones en el ámbito internacional.

El Consejo Permanente de la Organización de Estados Americanos (OEA) —que no había reaccionado en absoluto frente al plan liberticida de Zelaya— se reunió con carácter de urgencia y emitió una resolución condenando lo que denominó golpe de Estado y apoyando al gobierno del presidente Zelaya. La OEA no estuvo aislada en esta reacción, pero el congreso de Honduras se mantuvo firme frente a la amenaza que significaba Zelaya y, apoyándose en la libre determinación de los pueblos, siguió respaldando a Micheletti. Zelaya se refugió en la embajada de Brasil y ya no pudo regresar al poder. A decir verdad, las instituciones hondureñas se mantuvieron firmes y, a finales de 2009, Honduras celebró elecciones. Contaron con la mayor participación de la historia de Honduras y discurrieron sin incidentes violentos. El ganador fue Porfirio *Pepe* Lobo, el candidato del Partido Nacional. Su llamamiento a un gobierno para todos contrastó con la proclama de Zelaya desde la embajada de Brasil declarando nulas las elecciones.

De manera bien llamativa, Lobo era el presidente con mayor respaldo electoral de la historia de Honduras, pero hubo voces en el ámbito internacional que se negaron a reconocer al gobierno. Sólo los Estados Unidos, Colombia, Panamá, Costa Rica y Perú lo hicieron tras contemplar el apoyo masivo de los ciudadanos al proceso electoral. Lobo pasaría buena parte de su primer año de mandato en conseguir la readmisión de Honduras en la escena internacional. El 20 de julio de 2010 consiguió que la nación regresara al seno del Sistema de Integración Centroamericana (Sica). En mayo de 2011 Honduras fue readmitida en el seno de la OEA con el único voto en contra de Ecuador. Al final, la crisis concluyó con el denominado «Acuerdo para la Reconciliación Nacional y la Consolidación del Sistema Democrático en la República de Honduras», suscrito por Zelaya y Lobo.

Lobo se encontró con una nación desgarrada políticamente y excluida de la comunidad internacional por haberse defendido de un intento de subversión del orden jurídico. En el plano internacional Lobo conseguiría la readmisión de Honduras en el concierto de naciones, pero no fue igualmente afortunado en relación con su política doméstica. Portador de un discurso conciliador, Lobo proponía programas de asistencia técnico-financiera a los pequeños y medianos empresarios. En contra de las expectativas de los ciudadanos, no consiguió reducir de manera sensible la delincuencia ni tampoco detener el narcotráfico. No se trató de una mera apreciación. Bajo su mandato, Honduras alcanzó una tasa de 82.1 homicidios por cada 100 000 habitantes, una cifra pavorosa que no se veía en el continente desde los terribles años ochenta en Colombia. Por lo que se refiere al tráfico de drogas, el asesinato de dos estudiantes universitarios en octubre de 2011 —uno de ellos hijo de la rectora de la Universidad Nacional Autónoma, Julieta Castellanos— apuntó a la relación de la policía con el narcotráfico. Una vez más la corrupción, esta vez en el seno de los primeros que debían combatirla, saltaba al centro de la escena política. Cuando el ministro de seguridad, Óscar Álvarez, acusó públicamente a la policía de controlar el tráfico aéreo de los aviones de la droga, y exigió su depuración, Lobo procedió a destituirlo. Con todo, no puede negársele al presidente voluntad para acabar con aquella situación. Lobo y su nuevo ministro de seguridad, Pompeyo Bonilla, se reunieron en Miami con altos funcionarios del Consejo Nacional de Seguridad y del Departamento de Estado de los Estados Unidos para discutir la situación. Tanto los expertos norteamericanos como otros procedentes de Colombia y Chile llegaron por separado a la conclusión de que era ineludible una depuración de las fuerzas del orden. Al final del tercer año de mandato de Lobo, la aplastante mayoría de la población de Honduras —9 de cada 10 ciudadanos— consideraba que la situación de criminalidad era igual o peor. Con 20 515 asesinatos en esos tres años —más de 560 de promedio mensual, casi uno cada la hora— Lobo se había convertido en el afectado por la criminalidad de la historia contemporánea de Honduras. A ese dato hay que sumar otros dos no menos sobrecogedores: el de que 95% de los homicidios no llegaron siquiera a ser investigados, y el de que al menos tres alcaldes encabezaban bandas de delincuentes dedicados al secuestro y al asesinato. La corrupción estaba corroyendo la nación hasta sus cimientos y para cuando Lobo dejara el gobierno, a pesar de algunos logros innegables, nada habría cambiado. De hecho, el 7 de octubre de 2015 el Banco Continental se convirtió en el primer banco designado por el Departamento de Justicia de los Estados Unidos, como culpable de lavado de dinero y colaboración con el narcotráfico. Antes, a finales de 2014, Honduras ya era considerada la nación más insegura del mundo.

En El Salvador, Elías Antonio Saca accedió al poder presidencial en junio de 2004. Exteriormente, mantuvo las tropas salvadoreñas en Irak y continuó la política de repudio a las dictaduras cubana y venezolana. Internamente —con la excepción del plan denominado Red Solidaria, que entregaba un subsidio a familias en pobreza extrema en los municipios más atrasados— Saca mantuvo una política económica de liberalización que incluyó un intento de racionalizar el sistema fiscal. Las críticas surgidas entre las grandes empresas terminaron por bloquear la reforma tributaria.

No más afortunado fue Saca en la lucha contra la delincuencia y en los planes para mejorar la situación económica. Su *Plan Supermano Dura* no logró reducir la cifra de homicidios que, en 2006, se elevó a 3 928. No mejores fueron los resultados en lo relativo al coste de la vida, la tasa de desempleo o la inflación. La presidencia de Saca concluyó con graves acusaciones de corrupción relacionadas con la realización de obras públicas, acusaciones que acabaron teniendo pésimas repercusiones sobre Arena en cuyo seno acabó desencadenándose una seria crisis.

El desgaste de Arena tuvo, por añadidura, una consecuencia no poco lógica: la llegada al poder del FMLN. En marzo de 2009 se alzó con la victoria su candidato Mauricio Funes. Es posible que sus simpatías por la dictadura chavista le hubieran impedido llegar al poder en una situación normal, pero la erosión de las instituciones y el deterioro social en El Salvador si algo dejaron de manifiesto fue que la normalidad no era una de las características de la vida del país. El programa de Funes era ciertamente de izquierdas —creación de un sistema de cobertura sanitaria y del bono de educación, pensión básica de 50 dólares para 42 000 adultos de la tercera edad, institución de un consejo económico y social, banca de fomento, un fondo de garantía, la organización de las Comunidades Urbanas Solidarias, un programa de ingresos temporales para 30 000 salvadoreños desempleados, subsidio al gas propano, Plan Casa para todos... —pero, con todo, no puede calificarse de revolucionario—. Su cumplimiento fue limitado y lo mismo puede decirse de su política de seguridad pública, que se saldó con un sonoro fracaso al no lograr reducir el número de homicidios sin el apoyo militar, ni tampoco poder impedir que las pandillas de delincuentes juveniles paralizaran de forma ocasional los transportes públicos.

En 2009 Funes restableció las relaciones diplomáticas con Cuba —algo indudablemente lógico si se tiene en cuenta la ayuda que la dictadura castrista proporcionó al FMLN durante la guerra civil— y, después, reconoció a Palestina como Estado. Sin embargo, con notable prudencia, Funes reiteró la negativa a adherirse a la Alba, pues consideró que no reportaría beneficio para su país, ya que su prioridad era buscar el avance de la integración centroamericana.

En términos generales, Funes no logró cumplir sus proyectos de mejora social, ni disminuir la pavorosa tasa de delincuencia que sufría la nación ni reducir la corrupción. Sí demostró —y no era poco— que la izquierda, incluso a pesar de sus antecedentes guerrilleros, podía gobernar sin lanzar a la nación en la vorágine revolucionaria y que, incluso teniendo ciertas veleidades en política internacional, podía comportarse con cierta prudencia. Su presidencia no había cosechado realmente éxitos, pero tampoco grandes sobresaltos mayores que los sufridos bajo sus antecesores. Esa circunstancia, sumada a la ausencia de recuperación de la derecha, permite comprender que su vicepresidente Salvador Sánchez Cerén, a pesar de ser uno de los principales dirigentes de la desaparecida organización político militar Fuerzas Populares de Liberación Farabundo Martí (FPL) ganara las elecciones presidenciales de 2014. Si continuará la línea de izquierda moderada de su antecesor es algo que sólo el tiempo podrá desvelar. En cuanto a los grandes problemas nacionales de El Salvador es obvio que permanecen.

En Panamá, la vencedora de las elecciones presidenciales de 1999 fue Mireya Moscoso, viuda del antiguo presidente Arnulfo Arias y primera mujer en presidir el ejecutivo. A ella le correspondería el privilegio de presidir de igual forma la recuperación de la soberanía sobre la zona del canal por parte de Panamá, pero también la pesada carga de intentar enderezar la crisis derivada de la salida de los Estados Unidos de la zona. La presidenta Moscoso mostró una especial sensibilidad hacia las zonas rurales y la infancia, además de realizar inversiones públicas relacionadas con infraestructura. Sin embargo, posiblemente será recordada por el indulto, seis días antes de concluir su mandato, de seis cubanos que habían intentado asesinar a Fidel Castro cuando visitó Panamá en el curso de la Cumbre Iberoamericana. Tanto Cuba como Venezuela rompieron relaciones diplomáticas con Panamá por este hecho.

En mayo de 2004 llegó a la presidencia Martín Torrijos, hijo del general Omar Torrijos, cuyo legado reivindicaba. Torrijos disfrutó de un periodo de cierta bonanza económica, siendo sucedido en la presidencia por Ricardo Martinelli. En el plano internacional, Martinelli se manifestó como abiertamente proisraelí y favorable a la oposición venezolana al chavismo. A pesar de todo, llegaría a disfrutar de un índice de popularidad superior a 90%. La carrera de

Martinelli tendría un final dramático: su sucesor, Juan Carlos Varela, puso en marcha una serie de investigaciones que, al apuntar a distintos casos de corrupción, obligaron a Martinelli a abandonar su escaño en el parlamento centroamericano y buscar refugio en Miami. En la actualidad, Martinelli ha sido declarado rebelde por la justicia panameña ordenándose su detención. Sin duda, Panamá no atraviesa por situaciones de inseguridad como las que azotan a naciones como Honduras o El Salvador, pero poco puede dudarse que la corrupción sigue estrechamente vinculada a las instituciones más relevantes.

Esa misma corrupción sería la causa, ya en el siglo XXI, del desgaste del sistema bipartidista en Costa Rica. Durante el gobierno de Abel Pacheco de la Espriella, elegido en 2002 en segunda vuelta —un fenómeno que no tenía lugar desde 1948— la nación asistió al descubrimiento de dos casos de corrupción relacionados con Calderón Fournier y Rodríguez Echeverría, ambos antiguos presidentes. Caso peculiar dentro de Centroamérica, Costa Rica en los años siguientes se vería agitada por la inseguridad ciudadana como primera preocupación de la sociedad. En el plano internacional suscribiría un tratado de libre comercio con los Estados Unidos (2007) y, a la vez, nada menos que con China (2011) a la que desearía acercarse, aun a costa de romper relaciones diplomáticas con Taiwán, y que sería la potencia que donaría el dinero para construir el nuevo estadio nacional de Costa Rica.

En 2014 llegó al poder el académico Luis Guillermo Solís Rivera, del Partido Acción Ciudadana. Era, de manera bien significativa, el primer presidente procedente de ese partido y también el primero que no provenía de una de las dos fuerzas políticas tradicionales. El candidato de una fuerza alternativa al bipartidismo histórico alcanzó además en segunda vuelta 78% de los votos.

Durante los años siguientes Costa Rica estrecharía sus lazos con la Unión Europea y, de manera muy especial, en 2015 sería premiada por la Organización de las Naciones Unidas para la Alimentación y la Agricultura (FAO) —junto a Bolivia y República Dominicana— por haber reducido a la mitad el porcentaje de la población que pasaba hambre —en torno a 5%—. Asimismo, se convertiría en la nación de Hispanoamérica con mayor expectativa de empleo. Ciertamente no se trataba de logros pequeños, pero a la vez, bajo estos subyacía la erosión de un sistema en el que ya no mantenían su peso los partidos tradicionales.

No más tranquilizador que lo ya señalado en estas naciones fue el caso de Nicaragua, el único caso —salvo la intentona fallida de Zelaya en Honduras— en que una nación de Centroamérica decidió seguir un rumbo semejante al de Venezuela, Bolivia o Ecuador, si bien partiendo de sus antecedentes históricos y no del ejemplo proporcionado por Hugo Chávez. La nación salió del siglo xx sumida en una profunda crisis, la cual había dado inicio cuando, en 1999, el presidente Alemán intentó que las fuerzas armadas nicaragüenses tuvieran un carácter nacional y no partidista subordinadas a los jefes sandinistas. Ni los sandinistas estaban dispuestos a perder el control del ejército que disfrutaban desde los años ochenta ni tampoco renunciaron a crear agitación entre los estudiantes y los trabajadores. A pesar de todo, el recuerdo del pésimo gobierno sandinista todavía influyó de manera decisiva para que las elecciones de 4 de noviembre de 2001 las ganara Enrique Bolaños, del Partido Liberal Constitucionalista. Bolaños y su familia habían sido víctimas de los sandinistas por razones políticas. Postermente, Enrique Bolaños había dirigido un vigoroso esfuerzo por mejorar la función pública; sin embargo, sus intentos de regeneración chocaron tanto con los sandinistas como con fuerzas de la derecha. De esa manera, en 2006 el fsln regresó al poder. Hasta qué punto su carácter no había cambiado puede verse en el hecho de que Daniel Ortega fue su candidato.

Sin embargo, si bien Ortega podía no haber cambiado su ánimo totalitario y su simpatía hacia personajes como Fidel Castro o Hugo Chávez, sí había aprendido no poco en los años en que había estado en la oposición. De hecho, más que Chávez u otros epígonos suyos, Ortega sabía cómo gobernar para mantenerse en el poder con sólo algunos ropajes externos de carácter democrático. En primer lugar, decidió invitar a los empresarios a ganar dinero a cambio de que no participaran en la política, que debía ser dejada exclusivamente en manos del fsln. Semejante paso pretendía evitar sumergir a la nación en una nueva crisis económica como la que había acompañado al gobierno sandinista en el pasado y, a la vez, eliminar un foco importante de potencial oposición. En segundo lugar, Ortega profundizó la estrategia de cercanía a la Iglesia católica que había mantenido en la década de los ochenta. Ahora, sin embargo, no se trataba de apoyarse en la denominada Iglesia popular —al menos, no en exclusiva— sino de lograr un maridaje con la jerarquía. El cardenal Obando, antiguo opositor del sandinismo, acabaría convirtiéndose en uno de sus pilares ahora. El régimen de Ortega iba a presentarse de manera machacona como una fusión de socialismo y catolicismo. Al final, Ortega se ocuparía de consolidar el control sobre los medios de comunicación de tal manera que la aplastante mayoría se encontrara en sus manos a través de parientes o deudos. Con un poder casi omnímodo sobre las fuerzas armadas y la opinión pública, y el apoyo, en algún caso verdaderamente entusiasta, de la Iglesia católica y del empresariado, el sandinismo se ha convertido en su regreso al poder en un movimiento político que, envuelto en uniforme de la revolución, repite esquemas oligárquicos de siglos. Al respecto, no puede sorprender que buena parte del sandinismo histórico se haya apartado del presidente Ortega e incluso califique su gobierno de fascismo. Se trata, sin duda, de una llamativa paradoja el que un régimen que tiene instrumentalizado el pabellón de la revolución también sea el que más ha incorporado, de manera voluntaria y consciente además, el espíritu de la Conquista. Ese sentido patrimonial del poder explica, por ejemplo, algunos de sus pasos más notables en política internacional, como decidir que la construcción del canal nicaragüense que, durante décadas, persiguieron los Estados Unidos sea realizada, pero por China. Los argumentos ecológicos, históricos y patrióticos, al fin y a la postre, han cedido en beneficio de los deseos de Daniel Ortega que ha ido dando un paso tras otro para mantenerse en el poder después de 2016. El siglo xxi ha consumido ya más de década y media y, desde muchos puntos de vista, la historia de Centroamérica no se asemeja a un movimiento ascendente y lineal sino al eterno retorno de la noria.

CAPÍTULO XII

Retos del siglo XXI

Nuevos retos del siglo (I): narcotráfico

Si bien es cierto que durante medio milenio los problemas con que se ha enfrentado Centroamérica —ausencia de primacía de la ley, sistema económico ineficiente, consideración de la mentira y el hurto como pecados veniales, opresión indígena, etc.— han permanecido sustancialmente inalterados, el siglo XXI está siendo testigo de la aparición de otros que resultan de notable envergadura. El primero es el establecimiento y profusión de las redes de narcotráfico en Centroamérica, una circunstancia que ha alterado de un modo profundo las coordenadas vitales de la zona.

En Centroamérica se cultivan el cannabis y el opio, pero de manera muy reducida. A decir verdad, la extensión del narcotráfico está relacionada directamente con el hecho de que Centroamérica se ha convertido en lugar de paso privilegiado de la droga enviada hacia los Estados Unidos. De hecho, los centenares de toneladas de droga que proceden del sur del continente y llegan a los Estados Unidos en su mayoría hacen escala previametne en Centroamérica y el Caribe. Si para el coloso del norte, esa circunstancia resulta, sin discusión, de enorme relevancia, para las naciones de Centroamérica se está traduciendo en una cadena de desastres humanos sin precedentes. De entrada, las instituciones de la región se han visto crecientemente sometidas a los grandes grupos del narcotráfico. No se trata —es cierto— de un fenómeno nuevo, como lo demuestra el caso de Noriega en el pasado, pero la virulencia actual era desconocida. Basta recordar la manera en que se cree que habría infectado recientemente a la presidencia de naciones como Guatemala o los testimonios que indican que aquellos que deberían combatir el delito se benefician de este. Así, por ejemplo, en el programa *Frente a frente*, Alfredo Landaverde denunció públicamente que Ramírez del Cid, el jefe de la policía hondureña, conocía quién estaba al frente del narcotráfico y también qué agentes del orden colaboraban con el narcotráfico.[1] Landaverde señaló también en esa intervención televisiva las relaciones de políticos, militares, jueces y fiscales con el narcotráfico. Quince días después Landaverde fue asesinado.

En su informe del año 2012 la Junta Internacional de Fiscalización de Estupefacientes (JIFE) señaló de manera taxativa que «el narcotráfico ha corrompido a algunas de las instituciones públicas, desbordadas en varios casos ante los recursos desplegados por las organizaciones de traficantes». No exageraba en absoluto. En el mismo sentido, el presidente del Tribunal Supremo de Elecciones de Costa Rica manifestaría su inquietud por la manera en que el narcotráfico ha llegado a la financiación de los procesos electorales.

Junto con el deterioro de las instituciones, la conversión de Centroamérica en lugar estratégico del tráfico de drogas destinadas a los Estados Unidos ha ido creando una cultura de la violencia que se ha superpuesto sobre la inestabilidad que sigue, por regla general, a los enfrentamientos civiles. El uso de las armas para resolver cualquier disputa ha venido así a posarse sobre naciones como El Salvador, Honduras o Guatemala donde la guerra civil se extendió, por lo general despiadada y sin reglas, durante décadas. De manera paradójicamente cruel, en naciones donde se ha abolido la pena de muerte son los jefes del narcotráfico quienes la aplican de manera masiva e impune, valiéndose no pocas veces de verdugos que apenas han salido de la infancia. El año 2015, por ejemplo, concluyó con más de medio millar de asesinatos callejeros relacionados con el tráfico de drogas.

A todo lo anterior hay que sumar el hecho de que la situación es susceptible de empeorar —y existen indicios al respecto— en relación con las comunidades indígenas. En el seno de estas, en Bolivia y Colombia, se cultiva de manera preferente la materia prima para la droga. Poco a poco ese proceso está también teniendo lugar en Guatemala.

Como ha señalado Mario Fumero,[2] un misionero que desde 1973 trabaja en Honduras con jóvenes marginados, esa situación ya es de por sí desastrosa, pero aún queda más realzada por el hecho de que la pertenencia a las bandas juveniles del crimen organizado se ha convertido en la forma de vida establecida de millares de niños y adolescentes, a pesar de que son conscientes en no pocos casos de que su vida durará poco. Incluso con el paso del tiempo los intentos de abandonar esa forma de vida han ido adquiriendo una mayor peligrosidad.

El problema, por otra parte, no afecta sólo a los jóvenes insertos en las bandas sino a otros cuya vida se ve determinada por esa violencia omnipresente en las calles centroamericanas. Sin ningún género de dudas, el porvenir de los jóvenes no presenta un panorama fácil o siquiera esperanzador. No es mejor el de los niños, millares de los cuales se han convertido en un problema relacionado con la emigración.

Para Mario Fumero, partiendo de su experiencia de décadas,[3] la responsabilidad de la situación deriva en no escasa medida de circunstancias ambientales y políticas. Entre las ambientales se encuentra en primer lugar el hogar disfuncional. Así, cerca de 45% son hijos de madre soltera, 30% han sido criados por terceros ya que sus padres emigraron, generalmente por razones económicas, y otro 30% más crecieron en familias divorciadas o con alguno de los progenitores víctimas de la violencia. Pero no son menos graves las causas políticas: estas van desde legislaciones para menores como la hondureña que, calcadas de las de naciones más avanzadas, constituyen un incentivo para utilizar a los menores en el crimen organizado. Cerca de la mitad de los detenidos por extorsión son menores y es habitual su utilización en los asesinatos y en el tráfico de drogas. Fumero refiere cómo uno de los menores atendidos en uno de sus centros de Brigadas de Amor Cristiano era ya un sicario con tan sólo nueve años de edad.[4]

Según la descripción de Fumero,[5] el problema de las bandas de delincuencia juvenil no ha dejado de empeorar en las últimas décadas. Su origen está en el estado de California, Estados Unidos, cuando a mediados de los años noventa grupos de salvadoreños se enfrentaron con pandillas de negros. En 1995 surgieron en México los Batos Locos que se convertirían en populares en Honduras gracias a una serie de televisión. Su trasunto hondureño no pasaría en un inicio de ser bandas de barrio que no eran propiamente parte del crimen organizado aunque sí combatían entre ellas. A finales de los años noventa, por ejemplo, la supresión del servicio militar obligatorio en Honduras repercutió, de manera inesperada, en el fortalecimiento de las bandas. Si hasta entonces los adolescentes habían evitado salir de noche para no ser secuestrados por el ejército y obligados a estar en filas, ahora comenzaron a llevar una vida nocturna. En 1999 ya se habían constituido las primeras maras y un año después su relación con el narcotráfico era un hecho. En el 2004 las maras se habían radicalizado, utilizaban la violencia de manera sistemática e incluso comenzaron a aparecer indicios de que en algunas se practicaban ritos satánicos. En 2006 incluso se descubrió que, en ciertos grupos, se devoraba el corazón de aquellos a los que habían asesinado. A esas alturas, por otro lado, las maras controlaban ya barrios enteros en Honduras. En 2008 las zonas de control de las maras habían pasado de barrios a áreas completas en las que las fuerzas del orden no se atrevían a entrar. En 2014, en un nuevo salto cualitativo, la policía militar comenzó a golpear a los narcotraficantes que utilizaron a las maras para asesinar a abogados, periodistas y jueces.

Fumero —quien ha seguido manteniendo contra viento y marea su obra social en pro de los jóvenes marginados— no es optimista sobre el futuro de Honduras y una de las razones es el peso del narcotráfico que, como antaño en Colombia, está creando prosperidad en ciertas zonas del país, pero con un coste social más que oneroso para el conjunto de la nación. Es ese peso del narcotráfico en la vida nacional —puesto de manifiesto, por ejemplo, en el caso de la familia Rosenthal[6]— el que lo lleva a considerar que la nación está sumida en una situación caótica cuya salida no se percibe. Si el juicio de Mario Fumero es exagerado o ecuánime es algo que sólo pondrá de manifiesto el paso del tiempo. Sin embargo, lo que no admite duda alguna es que el narcotráfico se ha convertido en un problema no por novedoso exento de una enorme gravedad en Centroamérica.

Nuevos retos del siglo (II): crisis de los emigrantes menores no acompañados

La emigración en busca de mejor fortuna en los Estados Unidos no es una circunstancia nueva en la historia de Centroamérica. El que esos emigrantes sean menores que además carecen de la compañía de adultos constituye, sin embargo, un fenómeno nuevo y sobrecogedor.

Este fenómeno novedoso y de ardua resolución ha estado ya en el origen de una crisis diplomática de notable magnitud entre los Estados Unidos y las naciones de Centroamérica de donde son originarios los menores. El 8 de noviembre de 2013 tuvo lugar una reunión —que se revelaría histórica— entre el subsecretario adjunto de Seguridad Nacional de los Estados Unidos, Alan Bersin, y el embajador de Guatemala, Julio Ligorría.[7] La finalidad era discutir la agenda de trabajo de Guatemala con los Estados Unidos, pero también constituyó el inicio de los contactos bilaterales en relación con el tema de menores no acompañados.[8] En el curso de ese encuentro se abordó la dificultad que tenían los Estados Unidos para mantener a los menores en los centros de detención así como la necesidad de que Guatemala colaborara con la repatriación de menores y unidades familiares, es decir, familias completas. Ligorría aceptó el compromiso de que Guatemala recibiera a aquellos menores que, tras el proceso legal, fueran sujetos de deportación. De igual forma, señaló que el centro de repatriación sería fortalecido para recibirlos de la mejor manera. A la vez, sin embargo, Ligorría insistió en la necesidad de fortalecer la cooperación entre las dos naciones para evitar la inmigración. En otras palabras, apuntaba a las raíces para evitar los malos frutos. Ciertamente no se equivocó. Durante el verano de 2014 las cifras de menores no acompañados se dispararían, provocando las alertas de las autoridades de los Estados Unidos.

Antes de llegar a ese punto, el 16 de enero de 2014 el embajador guatemalteco Julio Ligorría se reunió de nuevo con Alan Bersin, subsecretario adjunto de Seguridad Nacional de los Estados Unidos, esta vez acompañado por Alejandro Mayorkas, subsecretario de Seguridad Nacional de ese país. La razón era, de nuevo, el problema de los menores no acompañados. En el curso de aquel encuentro Bersin comunicó a Ligorría que Guatemala era la nación que mejores resultados estaba obteniendo en la cuestión de los menores no acompañados y seguridad fronteriza. No exageraba. De hecho, el 10 de julio de 2014, en medio de una agudización de la crisis de los menores, Ligorría instruyó a los miembros de la legación a sus órdenes para que asistieran a la audiencia de confirmación en el senado del nuevo embajador de los Estados Unidos en Guatemala, Todd Robinson. En el curso de dicha audiencia, el tema principal fue el de los menores no acompañados, protagonistas cuya crisis se había recrudecido en especial durante el verano de 2014. Semejante circunstancia tenía no poca lógica ya que la preocupación había cundido entre los senadores y algunos, como McCain, proponían que se privara de ayuda a los países de donde procedían hasta que se apreciara una reacción positiva por parte de sus gobiernos.

El 14 de julio tendría lugar una nueva reunión, esta vez entre el presidente guatemalteco Otto Pérez Molina, el canciller Fernando Carrera, el embajador Ligorría y la Republican Task Force, encargada de ocuparse de la situación de los menores emigrantes no acompañados. En representación de la cámara de representantes visitaron Guatemala Kay Granger (P. Republicano, Texas), presidenta del Subcomité de Estado del Comité de Apropiaciones; Matt Salmon (P. Republicano, Arizona), a la sazón, presidente del Subcomité de Asuntos del Hemisferio Occidental del Comité de Relaciones Exteriores; Henry Cuellar (P. Demócrata, Texas) y David Price (P. Demócrata, Carolina del Norte) miembros del Comité de Seguridad Nacional; Steve Pearce (P. Republicano, Nuevo México) y Mario Díaz-Balart (P. Republicano, Florida), miembro del Comité de Relaciones Exteriores. Antes, el presidente del Congreso, John Boehner había instado a la *task force* para que se impulsara una propuesta legislativa que redujera el flujo de menores inmigrantes no acompañados. De manera bien significativa, los congresistas se refirieron a la manera en que Guatemala capitaneaba los esfuerzos para solucionar la crisis. Precisamente, en medio de ese encuentro, Mario Díaz-Balart señaló en público su gratitud por la manera en que el embajador Ligorría había explicado al congreso y a la administración las causas de la crisis y había encabezado la propuesta de soluciones.[9]

Los resultados de la colaboración no tardaron en verse. Entre el 1 de octubre de 2014 y el 1 de junio de 2015 las autoridades de los Estados Unidos detuvieron a 22 869 menores sin acompañante en la frontera con México. La cifra era 51% menos que en el mismo periodo del año anterior. De hecho, en 2013-2014, en plena crisis migratoria, fueron 46 858 los niños sin acompañante que intentaron cruzar la frontera.

De manera significativa, la mayoría de los menores no procedían de México —la nación hispana con mayor repercusión migratoria sobre los Estados Unidos— sino de Guatemala. Después sí aparecía México, pero a este lo seguían otras dos naciones centroamericanas: El Salvador y Honduras.

El problema había disminuido, pero no desaparecido. Ponía además de manifiesto una conclusión que no podía eludirse. Quizá más que nunca antes era esencial para el águila americana que sus intereses no se vieran afectados por el triste destino del quetzal centroamericano.

En busca de soluciones: el Plan de Prosperidad del Triángulo Norte

Si algo ha quedado de manifiesto ya en los primeros años del siglo XXI es que Centroamérica reviste una importancia innegable para los Estados Unidos. Por añadidura, esa relevancia es diferente de la de otros periodos de la Historia. En el pasado, Centroamérica ha podido atraer las miradas de los Estados Unidos porque hacia ella habían mirado otras potencias; porque era el origen de materias primas de importancia para ciertas compañías estadounidenses o porque era pieza del escenario mundial sobre el que se representó la Guerra Fría. A inicios del siglo XXI, los Estados Unidos tienen intereses en Centroamérica que afectan no a un sector de su industria o a una estrategia concreta sino, de manera muy directa, su bienestar cotidiano. De que Centroamérica pueda controlar las redes de narcotráfico que circulan por su territorio y de que no sea origen de una inmigración ilegal que incluye a decenas de miles de menores depende en no escasa medida que la vida de millones de norteamericanos sea mejor.

En un intento de enfrentarse con esa situación se concibió en el año 2014 el Plan de Prosperidad. Aunque su origen fue, por un lado, la situación de Centroamérica y su necesidad de solventar problemas de envergadura y, de otro, la voluntad de los Estados Unidos de colaborar decisivamente en su solución, el punto de partida hay que situarlo en una reunión celebrada el 15 de julio de 2014 entre Ricardo Zúñiga, el asesor para asuntos del hemisferio occidental del

Consejo Nacional de Seguridad, y Julio Ligorría, el embajador de Guatemala. Zúñiga solicitó la colaboración de Ligorría para agilizar la recepción de vuelos de deportados. El embajador le dio seguridad de que se cumpliría con lo acordado en relación con los vuelos, pero en esa misma reunión también conversaron acerca de un *Supplemental* que el presidente Obama había solicitado para atender la crisis humanitaria de menores inmigrantes no acompañados. Fue así como surgió la primera idea para que el denominado Triángulo norte de Centroamérica presentara un plan conjunto que lograra reducir la emigración mediante el estímulo del desarrollo.

La iniciativa surgida del encuentro Zúñiga-Ligorría derivó el 17 de julio en otra reunión de Zúñiga, esta vez con los embajadores del Triángulo norte para hablar acerca de un plan conjunto. En el curso de este encuentro se habló de que el aporte financiero y el diseño del Plan Alianza para la Prosperidad debían proceder de las naciones centroamericanas aunque el Banco Interamericano de Desarrollo (BID) podía otorgar su ayuda. El Plan, pues, sería impulsado de manera principal por las naciones centroamericanas y la ayuda norteamericana; según Zúñiga, se dirigiría a toda Centroamérica aunque con énfasis especial en el Triángulo norte. Ligorría propuso en esa misma reunión que tuviera lugar una visita conjunta de los presidentes del Triángulo norte al presidente Obama como respuesta a las señales de apoyo que los Estados Unidos comenzaban a dar a la región.

El 22 de julio de 2014, en el curso de una reunión con el Comité de Relaciones Exteriores de la Cámara de Representantes,[10] se dio un nuevo paso hacia la configuración final del Plan de Prosperidad. En un inicio, varios congresistas republicanos acusaron a las naciones del Triángulo norte de inacción en la crisis de menores emigrantes no acompañados. En el curso de una de sus intervenciones, el embajador Ligorría señaló al congresista Ted Yoho una realidad irrefutable por más que se pasara por alto o no acertara a ser comprendida por algunos estadounidenses: el emigrante guatemalteco deseaba quedarse en Guatemala, pero la necesidad de mantener a su familia lo obligaba a desplazarse a naciones como los Estados Unidos.[11] Si esa situación cambiaba como consecuencia de una mejora de la atención a sus necesidades en su nación de origen, la emigración se reduciría. Aquel enfoque fue acogido positivamente y, de manera bien significativa, varios congresistas continuaron hablando con Ligorría después del final de la reunión.

El 21 de octubre se mantuvieron dos sesiones con distintos departamentos del senado y del congreso estadounidenses en las que se trazaron nuevos detalles sobre el Plan para la Prosperidad relativos a los plazos, los objetivos anuales, la inversión de cada nación y el papel de los Estados Unidos. Tras dos nuevos encuentros con Tim Rieser y con Ricardo Zúñiga, celebrados en octubre, Ligorría asistió el 31 del mismo mes a una reunión en la Casa Blanca. Sería otro momento decisivo porque el incansable embajador guatemalteco lograría afianzar la tesis de que, de hecho, toda Centroamérica necesitaba la ayuda de los Estados Unidos, pero que había que otorgar prioridad al Triángulo norte. La respuesta de la Casa Blanca se dirigió precisamente en esa misma dirección. La visión estratégica de los Estados Unidos abarcaba toda Centroamérica, pero inicialmente, el enfoque tenía que centrarse en el Triángulo.

El 14 de noviembre tuvo lugar una reunión entre los presidentes de las naciones del Triángulo norte y el vicepresidente norteamericano Joe Biden en el BID.[12] Dicha reunión también había sido fruto de las gestiones del embajador Ligorría. Al final, el Plan acabó forjándose de acuerdo con algunos parámetros bien concretos. En primer lugar, que las estrategias del Plan fueran integrales y la coordinación se llevara a cabo dentro de cada país. A esto se añadió el compromiso institucional de los gobiernos de llevar a cabo el Plan: la inversión en reformas institucionales destinadas a mejorar la vida de los ciudadanos centroamericanos; el fortalecimiento de la transparencia y el combate contra la corrupción; el fomento de la responsabilidad en los sistemas judiciales y los ministerios públicos así como la protección de los testigos; el apoyo a los esfuerzos de prevención de la violencia a nivel comunitario; la realización de programas de capacitación laboral y generación de empleo en comunidades donde la juventud es castigada de forma especial por las circunstancias; la reforma fiscal y la sostenibilidad a largo plazo de los programas; el reconocimiento de estrategias diferentes para los distintos países; la evaluación de resultados y la coordinación de esfuerzos. El Plan de Prosperidad para el Triángulo norte acabaría siendo aprobado a finales de 2015. Con este paso, los Estados Unidos reconocían de manera clara la importancia estratégica de la zona, y las naciones del Triángulo norte contaban con una nueva oportunidad.

Sin embargo, incluso en caso de alcanzarse todas sus metas, no puede ser concebido como una solución total a los problemas pendientes. En el caso de la problemática de la inmigración, si las condiciones de vida mejoraran en Guatemala, Honduras y El Salvador, cabe pensar que la emigración desde estas naciones hasta los Estados Unidos se reduciría e incluso lo haría de manera sensible. Con todo, persistirán problemas relevantes. Por ejemplo, la actual legislación norteamericana sobre inmigración continuaría provocando la marcha de menores hacia los Estados Unidos. No puede pasarse por alto el hecho de que muchos inmigrantes no pueden abandonar el país siquiera para visitar a sus familias sin el temor de no poder regresar y que esa situación ha tenido consecuencias indeseables; Entre ellas se encuentra, por ejemplo, el envío de menores que desean reunirse con sus padres afincados en los Estados Unidos y que acaban llegando a ese destino de manera ilegal. Una reforma de la legislación norteamericana que permitiera salidas eventuales, por ejemplo, para visitar a las familias dejadas en el lugar de origen ayudaría decisivamente a reducir o incluso terminar con ese tipo de inmigración.[13] En ese sentido, el programa Acción Diferida para los Llegados en la Infancia (DACA), impulsado por el presidente Obama, ha ayudado a mitigar los efectos de la situación, pero no ha logrado eliminarlos.[14] Por ello, sigue resultando indispensable la creación de un marco para visitas temporales y para aquellos que ya residen en los Estados Unidos y se ven imposibilitados de salir del país por el temor a no poder regresar.

Alan Bersin ha señalado a otras reformas indispensables, como puede ser la promulgación de un estatuto de trabajo temporal o la creación de una *safe zone* situada en México o en la nación de origen, pero costeada por los Estados Unidos, donde se pudiera brindar refugio a potenciales inmigrantes y estos tuvieran la posibilidad de solicitar la residencia en otras naciones.[15] Las soluciones señaladas por Bersin son inteligentes, realistas y casi podrían ser calificadas como indispensables. Guste o no reconocerlo, los 11 millones de residentes ilegales constituyen un gran problema cuya solución no puede pasar por la expulsión y exige un marco adecuado de regularización.[16] No es exagerado afirmar que está en manos de los Estados Unidos acabar con el problema migratorio y no precisamente porque pueda levantar un muro en su frontera, una propuesta que no deja de ser simplista.

Por otro lado, no puede pasarse por alto que los problemas internos de las naciones del Triángulo norte pueden dificultar el funcionamiento del Plan. La política interior no es todo lo sólida que sería de desear; con dificultad, los proyectos van a tener resultados a corto plazo y la capacidad de financiación de alguna de las naciones no pasa por su mejor momento histórico. No faltan por ello los que, muy sensatamente, señalan que el Plan de Prosperidad del triángulo norte tendrá éxito sólo si va más allá de la financiación para solventar determinados problemas y apunta a raíces más profundas.[17] El Plan de la prosperidad es, en verdad, un gran paso y, por añadidura, un paso que resultaba imperioso dar, pero el camino para afianzar la libertad y la prosperidad de Centroamérica es mucho más largo.

Notas

[1] Véase: www.youtube.com/watch?v=H5UHCBmJbpc

[2] Conversación con el autor en noviembre de 2015.

[3] *Idem.*

[4] *Idem.*

[5] *Idem.*

[6] Los Rosenthal son una familia de judíos hondureños de origen rumano que durante décadas han tenido un papel más que relevante en la banca, las comunicaciones y la política de Honduras. El 7 de octubre de 2015, el Departamento del Tesoro de los Estados Unidos declaró que Jaime Rosenthal, su hijo Yani Rosenthal, su sobrino Yankel Rosenthal y siete negocios que dependían de ellos eran «traficantes de narcóticos especialmente designados». La declaración derivaba de la aplicación de la Ley Kingpin y tenía una relevancia especial ya que era la primera vez que se cataloga de esa manera a un banco cuya sede no estaba en los Estados Unidos.

[7] El papel de Ligorría iba a revelarse como especialmente significativo. De hecho, no han faltado los que consideraban que era el embajador centroamericano más apreciado por la administración de los Estados Unidos. Conversación del autor con el doctor Manny Ortiz, 19 de octubre de 2015.

[8] Debe señalarse precisamente que una funcionaria de la embajada de Guatemala, llamada María de los Ángeles Sierra, fue de las primeras personas en identificar el problema a principios de 2012 y que la Oficina de la primera dama, Rosa Leal de Pérez, fue la que dio prioridad al tema.

[9] El consultor del Banco Interamericano de Desarrollo José Carlos Marroquín atribuiría a Ligorría el haber gestionado la crisis de los menores no

acompañados de manera tan adecuada como para llevar a los Estados Unidos a abordar el problema analizando sus raíces. Conversación con el autor el 23 de octubre de 2015.

[10] Estuvieron presentes los congresistas Ed Royce (presidente), Eliot Engel (vicepresidente), Matt Salmon, Juan Vargas, Joaquín Castro, Ileana Ros-Lehtinen, David Cicciline, Randy Weber, Louis Frankel, Kurt Clawson, Sean Duffy, Patrick Kennedy, Ted Deutch y Ted Yoho.

[11] En el mismo sentido se expresó Francisco Altschul, en conversación con el autor de 20 de octubre de 2015. En opinión del embajador salvadoreño en Washington, sin ningún género de duda la mejora económica disminuiría la emigración hacia los Estados Unidos, ya que para muchos jóvenes la única alternativa a dar ese paso es trabajar en la economía informal o pasar a formar parte de pandillas de delincuentes.

[12] Francisco Alstchul señalaría al autor en conversación mantenida el 20 de octubre de 2015 que, a pesar del apoyo de republicanos y demócratas y del respaldo del Departamento de Estado, Biden había sido el personaje más destacado en el respaldo del plan. De esta manera, habría quedado de manifiesto que la Casa Blanca y el Departamento de Estado habían captado que la ayuda a Centroamérica no podía encauzarse fundamentalmente hacia la seguridad.

[13] En ese mismo sentido, Alejandro Estevill, en conversación con el autor el 20 de octubre de 2015.

[14] La trascendencia de esta situación es mucho mayor de lo que puede parecer a primera vista. Cada año entran en DACA alrededor de 80 000 personas. En 10 años, esa cifra pesará notablemente en la política norteamericana donde media docena de los denominados *swing states* cuenta con una importante proporción de población hispana.

[15] En conversación con el autor el 23 de octubre de 2015.

[16] En ese sentido, Carl Meacham, en entrevista con el autor de 21 de octubre de 2015.

[17] En ese sentido, José Carlos Marroquín, en conversación con el autor el 23 de octubre de 2015.

Conclusión:
¿futuro o repetición del pasado?

La historia de Centroamérica ha constituido durante el último medio milenio el resultado indiscutible de patrones psicológicos, culturales, económicos y políticos procedentes de la cultura hispano-católica implantada por la Conquista. Ese trasplante cultural tuvo sin duda consecuencias positivas para la historia universal. Toda la zona quedó unida en el plano lingüístico a uno y otro lado del Atlántico gracias a la extensión del español. De manera semejante, Centroamérica dejó de estar aislada geográficamente para integrarse en un circuito de intercambios que unían varios continentes. Al final, la cultura más avanzada de la época se vio canalizada hacia el nuevo continente, implicando un salto técnico de extraordinaria relevancia. En todos esos aspectos, Centroamérica se vio claramente beneficiada. Sin embargo, el juicio sobre la Conquista no puede ser tan positivo en otros aspectos.

La llegada de los conquistadores implicó la pulverización de las culturas indígenas, el sometimiento de los nativos a los intereses económicos de los invasores y la erosión de las estructuras sociales existentes. Por añadidura, la población autóctona se encontró sometida a un régimen de servidumbre que poco o nada se diferenciaba de la esclavitud y en el que además la economía era concebida fundamentalmente como un modelo extractivo del que se beneficiaba, de manera exclusiva, una reducida élite dominadora.

Aún más relevante es que, por encima de todo, la Conquista significó la consagración de una clara cosmovisión cuya influencia llega hasta el día de hoy. Esa cosmovisión implicó realidades nuevas que sobreviven, aunque sean de manera inconsciente, hasta la actualidad.

En el terreno social se tradujo en una división entre una pequeña élite beneficiaria del sistema y la gran masa explotada, masa que nunca excluyó a los indígenas y que se subdividió con facilidad de acuerdo con criterios raciales al mantenerse la separación de los nativos —salvo para eventuales relaciones sexuales o de explotación— e imperar legalmente el principio de limpieza de sangre hasta la emancipación y, en realidad, mucho tiempo después.[1] De cargos y funciones quedaron excluidos con la llegada de los españoles no sólo aquellos que tenían sangre judía o mora sino también los que tenían relación sanguínea con herejes, indios o negros. La disposición estuvo vigente en España hasta 1835.[2] Su peso sobre las mentalidades hispanoamericanas perdura hasta la actualidad. Por añadidura, entre los indígenas además la situación de la mujer resultaría especialmente grave. La indígena sufriría la discriminación derivada de su marido, de su pobreza, de la carencia de educación y del hecho de ser mujer.[3]

En el terreno cultural significó la sumisión absoluta a una cultura católica que excluía de manera violenta cualquier disidencia y que desarrolló esquemas mentales en los que el hereje, el otro, aunque tuviera razón, siempre sería preterido frente al ortodoxo, al propio. La dificultad para el diálogo, para la comprensión de posiciones distintas, para la empatía hacia el que piensa de manera diferente tiene su origen justo en ese esquema mental. A ello se sumó —fruto directo de la cultura hispano-católica— un abandono de la educación popular y un distanciamiento —por no decir ausencia— de la actividad científica. En otras palabras, el dogma se impondría, igual que en la metrópoli española, sobre la educación y la ciencia.

A la vez, determinadas consideraciones morales dejarían una honda huella en la conducta cotidiana. El hecho de que la mentira o el hurto fueran considerados pecados veniales facilitaron un entramado mental favorable a la corrupción, entramado al que también contribuyó bastante la visión del poder apoyado en la espada en el caso del conquistador y en una independencia prácticamente absoluta ante la legalidad en el caso del virrey y del obispo.

En el terreno económico, la naturaleza extractiva —y, casi de manera natural, opresora— del sistema nacido de la Conquista, lejos de crear las bases para un desarrollo moderno afianzó su esclerotización en modelos arcaicos. Si a eso se le suma la desconfianza hacia el mundo de las finanzas que tan cara le resultó al Imperio español pueden comprenderse muchos procesos posteriores.

Al final, en el terreno político arraigaría desde el principio una visión del poder no sólo ajeno a cualquier control sino, además, en el caso de algunas instituciones, no sometido en absoluto a la supremacía de la ley. En otras palabras, el poder, casi por definición, sería autoritario y caudillista. Incluso acabada la Conquista la compraventa de cargos sería vista como natural ya que la Corona la concebiría como una manera de obtener recursos. La idea de una separación de poderes, de un sistema de *checks and balances* (frenos y contrapesos), resultaría simplemente inconcebible en la sociedad centroamericana. Así, ese mismo poder, autoritario por su naturaleza, no sería ejercido en beneficio de la sociedad ni actuaría de manera responsable ante ella sino que se traduciría una y otra vez en un sometimiento seguido por el reparto de despojos.

Todos estos esquemas psicosociales no desaparecerían —¿hubieran podido hacerlo?— con la emancipación. Presentando claros paralelos con lo que sucedería en España a lo largo del siglo XIX, no faltaron en las distintas naciones centroamericanas personajes liberales que pretendieron crear sistemas democráticos, pero en estos no sólo no se dio la indispensable separación entre la Iglesia y el Estado, que con tanta claridad vieron los Padres Fundadores de los Estados Unidos, sino que además otras libertades resultaron simplemente imposibles. Como había señalado Blanco White a los liberales españoles, si la libertad más importante, la de conciencia, quedaba en manos de una institución —la Iglesia católica— las otras sólo existirían sobre el papel. Así fue, en efecto. Por añadidura, como también había sucedido en España, la Iglesia católica se reveló como un factor de disgregación nacional al explotar en beneficio propio las diferencias locales. Centroamérica pasó así de estar unida a México y de luego poder convertirse en una sola República a fragmentarse en un conjunto de Estados.

La separación del Imperio español se había realizado en el ámbito político. No psicológica ni culturalmente. En las constituciones se mantuvo la posición de privilegio de la Iglesia católica como religión estatal y a ella quedó sometida, entre otras esferas trascendentales de la vida social, la educación. En cuanto a la concepción del poder político, significó en la práctica una reedición de la figura del conquistador: de manera reveladora, incluso los liberales que se opusieron al conservadurismo mantuvieron resabios caudillistas y no pasaron en algunos casos de adoptar algunas medidas anticlericales. A la vez, tardaron considerablemente en intentar poner en funcionamiento reformas como la educativa o la financiera que, a decir verdad, nunca llegaron a consumarse de modo positivo. A diferencia de lo sucedido en los Estados Unidos —cuyas bases fueron muy diferentes—, al llegar al siglo xx el modelo establecido no era el de la República del Norte sino el de una nueva forma de conquistador que el guatemalteco Miguel Ángel Asturias denominó el Señor Presidente. Para entonces, el águila ya llevaba tiempo sobrevolando la tierra del quetzal.

Las primeras intervenciones de los Estados Unidos en Centroamérica estuvieron relacionadas con la aplicación de la Doctrina Monroe, es decir, impedir que una potencia europea se inmiscuyera en el continente americano. No obtuvieron todo el éxito deseado, pero ciertamente sí limitaron, por ejemplo, la penetración británica en la zona. Más adelante, con todos los matices que se deseen, la cercanía de los Estados Unidos implicó un impulso económico para Centroamérica que puede calificarse de limitado e insuficiente, pero que aun así fue también importante. Los intereses de la potencia norteamericana fueron provocando episodios tan dispares como la intervención en Nicaragua, la política del «gran garrote» o la del «buen vecino». En términos generales, los Estados Unidos perseguían la estabilidad de la zona, lo que, ocasionalmente, se identificó con el apoyo a las dictaduras, pero también con el respaldo al establecimiento de gobiernos civiles surgidos de las urnas, cuya poca fecundidad no puede atribuirse sino a las circunstancias de las diferentes naciones.

Sin ningún género de dudas, el momento más delicado entre el águila y el quetzal estuvo relacionado con la Guerra Fría. Si puede considerarse discutible la intervención de los Estados Unidos en Guatemala en relación con el presidente Arbenz, resultan más fáciles de legitimar otros episodios. A la subversión apoyada directamente por Cuba, los Estados Unidos contrapusieron la ayuda a gobiernos que, en ocasiones, eran democráticos y, en otros, satisfacían a oligarquías que aprovechaban el conflicto ideológico para impedir las reformas más elementales. Ante dos males —el avance del comunismo y las dictaduras de otro signo— las distintas administraciones norteamericanas solieron elegir el menor. Sin embargo, esa circunstancia no puede ocultar la desolación que la Guerra Fría —una lucha inicialmente lejana— trajo a Centroamérica.

A finales del siglo xx, concluida la Guerra Fría y arrojados del poder los sandinistas mediante las urnas, se abrió una oportunidad para la democracia y el progreso económico y social. Esa oportunidad recibió el respaldo directo de los Estados Unidos. También chocó con repetidas conductas culturales que se han dado en Centroamérica durante el último medio milenio. Han permanecido prácticamente inmutables comportamientos que van desde la ausencia de primacía de la ley a la corrupción, desde el desprecio de los indígenas a la existencia de oligarquías encarnizadas en la defensa de sus privilegios, desde la falta de una cultura del trabajo a la carencia de educación o desde la concepción del poder como patrimonio que debe repartirse entre las clientelas a la resistencia a un mercado libre y competitivo. De manera muy reveladora, buena parte de los problemas de siglos han perdurado, buena parte de las esperanzas se han consumido sin alcanzar sus metas y buena parte de las situaciones han empeorado con problemas adicionales como el narcotráfico o los flujos migratorios hacia los Estados Unidos que incluyen a decenas de miles de menores no acompañados.

A pesar de tratarse de naciones pequeñas que contrastan de una forma enorme con el poderío de la única superpotencia de la actualidad, podría decirse que el destino del quetzal no puede ser indiferente al águila. Es así porque afecta y mucho a su bienestar de gran potencia. Por lo tanto, Centroamérica no es un escenario menor para los Estados Unidos sino que, muy posiblemente, sea un teatro internacional más relevante que nunca. De cómo evolucione la situación «allá abajo» depende el bienestar de millones de ciudadanos norteamericanos de «allá arriba». Por eso es tan relevante la existencia de una agenda de los Estados Unidos en relación con Centroamérica, agenda que, en buena medida, está por hacer liberándose de los esquemas que se aplican a la región y que son, desde hace tiempo, anticuados.[4]

Las administraciones de los Estados Unidos deberán asumir también que cada nación de la zona es diferente y no sólo parte de un bloque difuso en el que se ha pasado de la Guerra Fría a problemas concretos.[5]

Llegados a ese punto y en medio de un panorama que no llega a serenarse, resulta obligado preguntarse si hay esperanza de un futuro mejor para Centroamérica o sólo cabe, como ha sucedido vez tras vez, esperar una repetición del pasado. En otras palabras, ¿Centroamérica entrará de una manera definitiva por los senderos de la democracia, la paz y la prosperidad o volverá a contemplar cómo se desploman sus ilusiones más acariciadas? Sin duda, proyectos como el Plan de Prosperidad para el Triángulo norte constituyen un acercamiento a la problemática y un intento real de solventarla, pero no podemos esperar de manera racional que pongan fin a males seculares a los que se han sumado otros recientes y no menos graves. Los fondos —por cuantiosos que sean— no resultan suficientes para revertir una situación que ha durado siglos.

Sin embargo, los males seculares de Centroamérica pueden ser revertidos. Para conseguirlo, sería a nuestro juicio necesario dar, al menos, tres pasos indispensables. El primero es el reconocimiento del origen de los graves problemas derivados de una visión cultural concreta. No se trata de renunciar a manifestaciones culturales como la literatura, el folclor o la música autóctonos. Sí es irrenunciable, no obstante, comprender cómo la cosmovisión hispano-católica, no por inconsciente menos clara, ha marcado a sangre y fuego el devenir de Centroamérica. Ciertamente, el español es un verdadero regalo cultural, pero no se puede seguir considerando positiva una cosmovisión en la que valores como la cultura del trabajo, la primacía de la ley, el respeto por la libertad privada o la veracidad apenas tienen peso real y donde, *a contrario sensu*, la corrupción, el uso de la mentira, la exención de responsabilidad de los poderes públicos o el desprecio por la cultura financiera son comunes. El mal, pues, debe ser diagnosticado para que pueda ser tratado.

En segundo lugar, es indispensable la articulación de un proyecto de educación social y ciudadana que inyecte valores indispensables para el desarrollo de los pueblos, valores que, por otro lado, han estado ausentes del devenir histórico de Centroamérica en las distintas sociedades nacionales. Como ha señalado muy acertadamente Alan Bersin en relación con el Plan de Prosperidad, el triunfo de las expectativas dependerá de la perseverancia, del sostenimiento, de la continuación porque su realización sobrepasará una generación.[6] Si nos referimos a una labor educativa como la que propugnamos, puede superar con facilidad un par de generaciones,[7] pero sin ella cualquier esfuerzo ulterior se verá condenado al fracaso como siempre ha sucedido en el pasado, antes o después.

Finalmente, Centroamérica podrá solucionar sus problemas de siglos y enfrentarse con éxito a los nuevos si se percata de que no todo se reduce a contar con fondos.[8] En realidad, requerirá haber absorbido una nueva cosmovisión distinta a la padecida durante medio milenio. Esa nueva cosmovisión primará el trabajo bien hecho sobre la desidia, la cultura financiera sobre su desprecio altivo, la educación general sobre el distanciamiento pedagógico, el desarrollo científico sobre el utopismo, el respeto a la libertad privada sobre visiones que pretendan arrancarle sus garantías; la primacía de la ley sobre la exención de responsabilidades; el servicio público sobre el poder concebido como vía de reparto de despojos; y la división efectiva de poderes sobre el caudillaje. En otras palabras, las distintas repúblicas de Centroamérica deben prepararse para absorber valores recuperados por la Reforma del siglo xvi[9] que conformaron ordenamientos jurídicos como el inglés, el holandés, los escandinavos y, en especial, el estadounidense creando las bases sobre las que pueden construirse de manera sostenida y firme democracias estables y prósperas. En otras palabras, las distintas repúblicas de Centroamérica habrán de experimentar un encauzamiento institucional paralelo al que vivió desde 1776 su vecino más poderoso: las distintas repúblicas de Centroamérica habrán de convertir en culturalmente propios los valores que han propiciado avances y prosperidad a las naciones más avanzadas.

Cuando se llegue a ese punto, el quetzal podrá vivir en un presente tranquilo, próspero y esperanzado que se proyectará hacia un futuro de progreso, y el águila sentirá la seguridad[10] legítima que procede de contar con un vecino leal y amistoso del que no derivan dramas trasladados a la casa propia. Como escribió acertadamente el poeta español Antonio Machado, muerto en el exilio: «ni el pasado ha muerto, ni está el mañana —ni el ayer— escrito».

Notas

[1] Al respecto, resulta de enorme interés J. Hernández Franco, *Sangre limpia, sangre española. El debate de los estatutos de limpieza (siglos XV-XVII)*, Madrid, Anaya, 2011.

[2] *Ibid.*, p. 266.

[3] En ese sentido, José Carlos Marroquín, en conversación con el autor el 23 de octubre de 2015.

[4] Conversación del autor con Carl Meacham, el 21 de octubre de 2015.

[5] *Idem.*

[6] En conversación con el autor el 23 de octubre de 2015.

[7] Carl Meacham, en conversación con el autor el 21 de octubre de 2015, señaló que sólo el Plan de Prosperidad del Triángulo norte sería «una lucha generacional».

[8] En el mismo sentido, Carl Meacham, en conversación con el autor el 21 de octubre de 2015.

[9] Sobre el cambio social derivado de los cambios de cosmovisión dentro y fuera del contexto hispanoamericano y en contextos culturales notablemente separados del occidental, véase N. Anderson y H. Moore, *En búsqueda del origen*, Tyler, JUCUM, 2009; G. Cabrera Becerra, *Las nuevas tribus y los indígenas de la Amazonia. Historia de una presencia protestante*, Bogotá, 2007; «Lived Religion and Lived Citizenship in Latin America's Zones of Crisis», *Latin American Research Review*, vol. 40, tema especial, 2014.

[10] Resulta triste consignarlo, pero no son pocos quienes consideran que los políticos de los Estados Unidos no son todo lo conscientes que deberían acerca de que ayudar a Hispanoamérica resulta benéfico para su nación. Conversación del autor con Manny Ortiz, 19 de octubre de 2016.

Bibliografía*

Adams, R. N., «Etnias y sociedades», en Héctor Pérez Brignoli (ed.), *Historia general de Centroamérica. Vol. V: De la posguerra a la crisis (1945-1979)*, Madrid, Sociedad Estatal Quinto Centenario-Flacso, 1993, pp. 165-243.

Alvarenga, P., *Cultura y ética de la violencia: El Salvador, 1880-1932*, San José, EDUCA, 1996.

Álvarez, E., *La izquierda en Guatemala*, Guatemala, IDEM, 2003.

Anderson, J. L., *Che Guevara. A Revolutionary Life*, Londres, Bantam, 1997.

Arias, P., *Nicaragua: Revolución. Relatos de combatientes del Frente Sandinista*, 2ª ed., México, Siglo XXI, 1981.

Arias Gómez, J., «Farabundo Martí y el comunismo», en O. Martínez Peñate (ed.), *El Salvador: Historia general*, San Salvador, Nuevo Enfoque, 2002, pp. 251-264.

Arnson, C. J. (ed.), *Comparative Peace Processes in Latin America*, Washington, Woodrow Wilson Center Press/Stanford University Press, 1999.

Asselbergs, F., *Conquered Conquistadors: The Lienzo de Quauhquecho-llan; a Nahua Vision of the Conquest of Guatemala*, Leiden, CNWS Publications, 2004.

Baires Martínez, Y., «Orígenes y formación del partido Arena (1979-1982)», en G. Bataillon *et al.*, *Centroamérica entre democracia y desorganización. Análisis de los actores y de los sistemas de acción de los años 1990*, Guatemala, Flacso/CEMCA, 1994, pp. 29-49.

*Para temas específicos, hay otras referencias bibliográficas más amplias en las diversas notas recogidas a lo largo de los capítulos.

Balconi, J., y D. Kruijt, *Hacia la reconciliación. Guatemala, 1960-1996*, Guatemala, Piedra Santa, 2004.

Bardini, R., *Edén Pastora, un cero en la historia*, Puebla y México, Universidad Autónoma de Puebla, 1984.

—, *Monjes, mercenarios y mercaderes. La red secreta de apoyo a los contras*, México, Mex-Sur, 1988.

Bataillon, G., «*Contras* y *recontras* nicaragüenses: Reflexiones sobre la acción armada y la constitución de actores políticos-militares», en G. Bataillon *et al.*, *Centroamérica entre democracia y desorganización. Análisis de los actores y de los sistemas de acción de los años 1990*, Guatemala, Flacso/CEMCA, 1994, pp. 173-213.

Baud, M., y R. Rutten (eds.), *Popular Intellectuals and Social Movements. Framing Protest in Asia, Africa, and Latin America*, Cambridge, Cambridge University Press (International Review of Social History, Supplements, núm. 12), 2005.

Béjar, R. G., y S. Roggenbuck (eds.), *Partidos y actores políticos en transición. La derecha, la izquierda y el centro en El Salvador*, San Salvador, Honrad Adenauer Stiftung, 1996.

Benítez Manaut, R., *La teoría militar y la guerra civil en El Salvador*, San Salvador, UCA Editores, 1989.

Bethell, L. (ed.), *Central America since Independence*, Cambridge, Cambridge University Press, 1991.

Biekart, K., *The Politics of Civil Society Building. European Private Aid Agencies and Democratic Transition in Central America*, Ámsterdam, Transnational Institute, 1999.

Borge, T., *Apuntes iniciales sobre el FSLN*, Managua, Ministerio del Interior-Dirección Política, 1983.

—, *La paciente impaciencia*, 4ª ed., Managua, Vanguardia, 1990.

Boot, M., *The Savage Wars of Peace. Small Wars and the Rise of American Power*, Nueva York, Basic Books, 2003.

Boza Gutiérrez, F., *Memorias de un soldado. Nicaragua y la Guardia Nacional, 1928-1979*, Managua, PAVSA, 2002.

Brett, R., *Movimiento social, etnicidad y democratización en Guatemala, 1985-1996*, Guatemala, F&G Editores, 2006.

—, *The Real Contra War. Highlander Peasant Resistance in Nicaragua*, Norman, University of Oklahoma Press, 2000.

Cabarrús, C. R., *Génesis de una revolución. Análisis del surgimiento y desarrollo de la organización campesina en El Salvador*, México, CIESAS (Ediciones de la Casa Chata, 16), 1983.

Cajina, R., *Transición política y reconversión militar en Nicaragua, 1990-1995*, Managua, CRIES, 1997.

Cardenal, E., *La revolución perdida*, 2ª ed., Managua, Anamá Ediciones, 2004.

Carmack, Robert M., *Quichean Civilization: The Ethnohistoric, Ethnographic, and Archaeological Sources*, Berkeley and Los Angeles, University of California Press, 1973.

Castañeda, J. G., *Utopia Unarmed. The Latin American Left after the Cold War*, Nueva York, Vintage Books, 1994.

Chamberlain, Robert S., *The Conquest and Colonization of Honduras, 1502-1550*, Washington, Carnegie Institution of Washington, 1953.

Close, D., *Los años de doña Violeta. La historia de la transición política*, Managua, Grupo Editorial Lea, 2005.

Comisión para el Esclarecimiento Histórico (CEH), *Guatemala. Memoria del silencio*, Guatemala, UNOPS, 12 vols., 1999.

Cortés Domínguez, G., *La lucha por el poder. Revés electoral Sandinista*, Managua, Nueva Nicaragua, 1990.

De la locura a la esperanza. La guerra de doce años en El Salvador. Informe de la Comisión de la Verdad para El Salvador, San Salvador, Comisión de la Verdad, 1993.

Dickey, Ch., *With the Contras. A Reporter in the Wilds of Nicaragua*, Nueva York, Simon and Schuster, 1985.

Doggett, M., *Death Foretold: The Jesuit Murders in El Salvador*, Nueva York, Lawyers Committee for Human Rights, 1993.

Domínguez, J. L., y M. Lindenberg (eds.), *Democratic Transitions in Central America*, Gainesville, University Press of Florida, 1997.

Dosal, P. J., *Comandante Che: Guerrilla Soldier, Commander, and Strategist, 1956-1957*, Pensilvania/University Park, The Pennsylvania State University Press.

Dunkerley, J., *The Long War: Dictatorship and Revolution in El Salvador*, Londres, Verso, 1985.

—, *Power in the Isthmus. A Political History of Modern Central America*, Londres, Verso, 1988.

—, *The Pacification of Central America*, Londres, University of London, Institute of Latin American Studies, Research Paper núm. 34, 1993.

Eich, D., y C. Rincón, *The Contras. Interviews with Anti-Sandinistas*, San Francisco, Synthesis Publications, 1984.

Eugarrios, M., *Dos... Uno... Cero Comandante*, San José, Lehmann, 1979.

Fitzgerald, E. V. K., «The Economics of the Revolution», en T. W. Walker (ed.), *Nicaragua in Revolution*, Nueva York, Praeger, 1982, pp. 203-220.

—, «Agrarian reform as a model of accumulation: the case of Nicaragua since 1979», en *Journal of Development Studies* 22 (1), 1982, pp. 208-220.

—, «Stabilization and economic justice: the case of Nicaragua», en K. S. Kim y D. F. Ruccio (eds.), *Debt and Development in Latin America*, Notre Dame, University of Notre Dame Press, 1985, pp. 191-204.

—, «An evaluation of the economic costs of US aggression against Nicaragua», en R. Spalding (ed.), *The Political Economy of Revolutionary Nicaragua*, Nueva York, Allen & Unwin, 1986, pp. 195-213.

—, «Recent developments and perspectives of the economy in the Sandinista revolution», en *Nordic Journal of Latin American Studies* 17 (1-2), 1987, pp. 69-72.

—, «Notas sobre fuerza de trabajo y la estructura de clases en Nicaragua», *Revista Nicaragüense de Ciencias Sociales* 2(2), 1987, pp. 34-41.

Flakoll, D. J., y C. Alegría, *Nicaragua: La revolución sandinista. Una crónica política, 1855-1979*, 2ª ed., Managua, Anamá Ediciones, 2004.

Francis, Michael J., *Invading Colombia: Spanish Accounts of the Gonzalo Jiménez de Quesada Expedition of Conquest. Latin American Originals No. 1*, University Park, Pennsylvania State University Press, 2007.

Frente Farabundo Martí para la Liberación Nacional (FMLN), *Documentos políticos*, San Salvador, Ediciones Alternativa, 1993.

Frente Sandinista de Liberación Nacional (FSLN), «Comunicación oficial del FSLN sobre la religión. Managua: Frente Sandinista de Liberación Nacional», en *Envíos realizados por el Instituto Histórico Centroamericano*, primera época núm. 4, 1981, pp. 52-56.

Galeas, G., *Mayor Roberto d'Aubuisson: El rostro más allá del mito*, San Salvador, La Prensa Gráfica, edición especial, 7 de noviembre de 2004.

Gill, L., *Escuela de las Américas. Entrenamiento militar, violencia política e impunidad en las Américas*, Santiago, LOM, 2005.

Gleijeses, Piero, *Shattered Hope. The Guatemalan Revolution and the United States, 1944-1954*, Princenton, Princenton University Press.

González de Barcía, A., *Historiadores primitivos de las Indias Occidentales*, 3 vols., Madrid, 1749.

González, L. A. *Izquierda marxista y cristianismo en El Salvador, 1970-1992 (Un ensayo de interpretación)*, tesis de maestría, México, Flacso, 1994.

Gott, R., *Guerrilla Movements in Latin America*, Garden City, Doubleday and Company, 1972.

Gramajo Morales, H. A., *Alrededor de la bandera. Un análisis praxiológico del enfrentamiento armado en Guatemala, 1960-1966*, Guatemala, Tipografía Nacional, 2003.

Hablan los desmovilizados de guerra. Nicaragua, El Salvador y Mozambique, Managua, CEI-Programa de Educación y Acción para la Paz, 1995.

Harnecker, M., *Pueblos en armas*, México, Era (Popular), 1984.

—, *Con la mirada en alto. Historia de las FPL Farabundo Martí a través de sus dirigentes*, San Salvador, UCA Editores, 1992.

Hernández Pico, J., *Terminar la guerra, traicionar la paz. Guatemala en las dos presidencias de la paz: Arzú y Portillo (1996-2004)*, Guatemala, Flacso, 2005.

Internacional Court of Justice, *Case concerning military and paramilitary activities in and against Nicaragua. Nicaragua v. United States of America. Request for the Indication of Provisional Measures*, La Haya, ICJ, 10 de mayo de 1984, lista general núm. 70, 1984.

Jones, G. D., *The Conquest of the Last Maya Kingdom*, Stanford, Stanford University Press, 1998.

—, *Maya Resistance to Spanish Rule: Time and History on a Colonial Frontier*, Albuquerque, University of New Mexico Press, 1989.

Juhn, T., *Negotiating Peace in El Salvador. Civil-Military Relations and the Conspiracy to End the War*, Houndmills, Macmillan (International Political Economy Series), 1998.

Kampwirth, K., *Women and Guerrilla Movements: Nicaragua, El Salvador, Chiapas, Cuba*, University Park, Pensilvania, The Pennsylvania State University Press, 2002.

Klepak, H., *Cuba's Military 1990-2005. Revolutionary Soldiers During Counter-Revolutionary Times*, Nueva York, Palgrave MacMillan (Studies of the Americas), 2005.

Kornbluh, P., y M. Byrne, *The Iran-Contra Scandal. The Declassified History*, Nueva York, The New Press, 1993.

Kramer, W., *Encomienda Politics in Early Colonial Guatemala, 1524-1544: Dividing the Spoils*, Boulder, Westview Press, 1994.

Lacayo Oyanguren, A., *La difícil transición nicaragüense. En el gobierno con doña Violeta*, Managua, PAVSA, 2005.

Le Bot, Y., *La guerra en tierras mayas. Comunidad, violencia y modernidad en Guatemala (1970-1992)*, México, Fondo de Cultura Económica, 1995.

Lozano, L., y L. Bermúdez, *La guerra de baja intensidad en Centroamérica*, Madrid, Revolución, 1987.

Lynch, E. A., *The Cold War's Last Battlefield. Reagan, the Soviets and Central America*, Nueva York, SUNY, 2011.

Manwaring, M. G., y C. Prisk, *El Salvador at War. An Oral History of Conflict from the 1979 Insurrection to the Present*, Washington, National Defense University Press, 1988.

Martí i Puig, S., *¿La última rebelión campesina? Revolución y contrarrevolución en Nicaragua, 1979-1987*, tesis de maestría, La Rábida, Universidad Internacional de Andalucía-La Rábida, 1987, mimeo, 1994.

—, *La revolución enredada: Nicaragua 1977-1996*, Madrid, Los Libros de la Catarata, 1997.

Matthew, L. E., y M. R. Oudijk (eds.), *Indian Conquistadors: Indigenous Allies in the Conquest of Mesoamerica*, Norman, University Oklahoma Press, 2007.

McCleary, R. M., *Imponiendo la democracia: Las élites guatemaltecas y el fin del conflicto armado*, Guatemala, Artemio Edinter, 1999.

McClintock, M., *The American Connection. Volume I: State Terror and Popular Resistance in El Salvador*, Londres, Zed Books, 1985.

Menjivar Larín, R., «El Salvador: The Smallest Link», en *Revolutionary Strategy in El Salvador*, Londres, Tricontinental Society, 1981, pp. 3-10.

Menjívar Ochoa, R., *Tiempos de locura. El Salvador, 1979-1981*, 2ª ed. aumentada, San Salvador, Flacso, 2006.

Millett, R., *Guardians of the Dynasty: A History of the US Created Guardia Nacional of Nicaragua and the Somoza Family*, Nueva York, Orbis Books, 1977.

Montgomery, T. S., *Revolution in El Salvador: From Civil Strife to Civil Peace*, Boulder, Westview Press, 1995.

Morán, R. [R. Ramírez de León], *Saludos revolucionarios. La historia reciente de Guatemala desde la óptica de la lucha guerrillera (1984-1996)*, Guatemala, Fundación Guillermo Torriello, 2002.

Moroni Bracamonte, J. A., y D. E. Spencer, *Strategy and Tactics of the Salvadoran* FMLN *Guerrillas. Last Battle of the Cold War, Blueprint for Future Conflict*, Westport, Praeger, 1995.

Omang, J., y A. Neier, *Psychological Operations in Guerrilla Warfare. The* CIA's *Nicaragua Manual*, Nueva York, Vintage Books, 1985.

Payeras, M., *Los pueblos indígenas y la revolución guatemalteca. Ensayos étnicos, 1982-1992*, Guatemala, Magna Tierra Editores, 1992.

Pereira Gómez, M. A., y J. A. Bilbao Ercoreca, *Recuerdos de una guerra en Nicaragua, «Contras y* FSLN». *Vida, historia y experiencias de tres comandantes de la resistencia. Intento de un estudio sobre la Nicaragua dividida*, Estelí, Nicaragua, mimeo y fotocopia, IHMCA, 1991.

Pérez, J., *Semper Fidelis. El secuestro de la Guardia Nacional de Nicaragua*, Bogotá, Justiniano Pérez, 2004.

Ramos González, C. G., *Solución política negociada y fuerzas sociales mayoritarias en El Salvador (1984-1990)*, tesis de maestría, San José, Universidad de Costa Rica/Flacso, 1993.

Recinos, A. (ed.), *Memorial de Sololá: Anales de los Cakchiqueles*, México, Fondo de Cultura Económica, 1950.

Restall, M., *Maya Conquistador*, Boston, Beacon Press, 1998.

—, *Seven Myths of the Spanish Conquest*, Nueva York, Oxford University Press, 2003.

Sanford, V., *Buried Secrets. Truth and Human Rights in Guatemala*, Nueva York, Palgrave MacMillan, 2003.

Santa Cruz Mendoza, S., *Insurgentes. Guatemala, la paz arrancada*, Santiago de Chile, LOM Ediciones, 2004.

Schirmer, Jennifer, *The Guatemalan Military Project: A Violence called Democracy*, Filadelfia, University of Pennsylvania Press, 1998.

Sesereses, C. D., «The Guatemalan Counterinsurgency Campaign of 1982-1985: A Strategy of Going It Alone», en E. G. Corr y S. Sloan (eds.), *Low-Intensity Conflict. Old Threats in a New World*, Boulder, Westview Press, 1992, pp. 101-123.

Selser, G., *Sandino, general de hombres libres*, 2ª ed., San José, EDUCA, 1979.

Spence, J., *La guerra y la paz en América Central: Una comparación de las transiciones hacia la democracia y la equidad social en Guatemala, El Salvador y Nicaragua*, Brookline, Massachusetts, Hemisphere Initiatives, 2004.

Spencer, D. E., *From Vietnam to El Salvador. The Saga of the FMLN Sappers and Other Guerrilla Special Forces in Latin America*, Westport, Praeger, 1996.

Walter, K., *Las Fuerzas Armadas y el acuerdo de paz. La transformación necesaria del ejército salvadoreño*, San Salvador, Flacso, 1997.

—, *El régimen de Anastasio Somoza 1936-1956*, Managua, Universidad Centroamericana-Instituto de Historia de Nicaragua y de Centroamérica, 2004.

Wheelock, J., *La reforma agraria sandinista. 10 años de revolución en el campo*, Managua, Vanguardia, 1990.

—, *La verdad sobre La Piñata. Los cambios en la propiedad agraria, julio 1979-abril 1990*, Managua, Instituto para el Desarrollo de la Democracia, 1991.

Whitfield, T., *Pagando el precio. Ignacio Ellacuría y el asesinato de los jesuitas en El Salvador*, San Salvador, UCA Editores, 1998.

Williams, P., y K. Walter, *Militarization and Demilitarization in El Salvador's Transition to Democracy*, Pittsburgh, University of Pittsburgh Press, 1997.

Wood, E. J., *Insurgent Collective Action and Civil War in El Salvador*, Cambridge, Cambridge University Press, 2003.

Zamora, A., «4000 días de soberanía. La política exterior sandinista», *Envíos realizados por el Instituto Histórico Centroamericano,* núm. 110, año 9, diciembre de 1990, pp. 32-44.

—, «La Piñata: Algunas reflexiones», en *Envíos realizados por el Instituto Histórico Centroamericano,* núm. 171, junio de 1996, pp. 12-15.

Zimmermann, M., *Carlos Fonseca Amador y la revolución nicaragüense,* Managua, Universidad de las Regiones Autonómas de la Costa Caribe Nicaragüense, 2003.